JN450051

네스틀레-알란트 28판

헬라어 신약 성경 사용자 가이드

네스틀레-알란트 28판

헬라어 신약 성경 사용자 가이드

2016년 10월 20일 초판 1쇄 발행

지은이 | 데이빗 트로비쉬
옮긴이 | 김주한
펴낸이 | 박영호
펴낸곳 | 도서출판 솔로몬

주소 | 서울시 동작구 사당로 155, 신주빌딩 B1
전화 | 599-1482
팩스 | 592-2104
직영서점 | 596-5225

등록일 | 1990년 7월 31일
등록번호 | 제 16-24호

A User's Guide to the Nestle-Aland 28 Greek New Testament
by David Trobisch

ISBN 978-89-8255-550-3 03230

A User's Guide to the Nestle-Aland 28 Greek New Testament

네스틀레-알란트 28판

헬라어 신약 성경 사용자 가이드

데이빗 트로비쉬
김주한 옮김

솔로몬

차례

서문

'노붐 테스타멘툼 그라이케'*Novum Testamentum Graece*의 두 명의 역사적인 편집자들을 기념하여 이 비평본은 종종 단순히 "네스틀레-알란트"Nestle-Aland라고 불린다. 2012년 가을에 이 비평본을 완전히 개정한 28번째 판(NA 28판)이 출판되었다. 이 비평본은 홀거 쉬트루트볼프Holger Strutwolf 박사의 감독하에 붸스트팔리아Westpalia의 뮌스터Münster에 위치한 신약 성경 본문 연구소the Institute for New Testament Textual Research에서 출판되도록 준비됐다. 사본 증거에 대한 소개와 더불어, 헬라어 신약 성경의 가장 오래된 본문을 학문적으로 재구성하여 제시한 이 간결한 비평본은 현재 인쇄된 형태로 약 1,000쪽 이상의 분량까지 발전했다. 새로운 판으로서 NA 28판은 이전 판들보다 사용하기 더욱 쉽고, 또한 학문적 주해와 학술적 지침을 위한 선도적인 역할을 지속적으로 감당 할 것을 약속할 뿐만 아니라, 성경 번역자들을 위한 "원문"source text을 제공할 것을 약속한다.

이 책은 세 부분으로 구성되어 있다. 첫 번째 부분인 "비평본의 구조와 의도"는 헬라어 신약 성경의 이 비평본을 처음 사용하는 독자들을 염두에 두었다. 비록 헬라어에 대한 지식이 도움이 될지라도, 그 내용을 이해하는데 헬라어에 대한 지식이 미리 준비되어야 하는 것은 아니다. 그 목적은 NA 28판의 구조와 개념을 설명하고, 또한 가장 오래된 헬라어 본문의 재구성으로 인해 당면하게 된 문제들과 불확실성들에 대한 비평적인 의식을 만들어 내는 것이다. 대학 수준의 공부를 하는 학생들이 기준이 되는 독자들이다. 또한 대부분의 신약 성경 영어 번역본들 및 주석 작품들에서 발견되는 성경 사본들의 다양한 이문들variations(異文, "다른 읽기")에 대한 언급들을 더 잘 이해하길 원하는 일반 독자들 역시 초대된 독자들이다. 설명과 함께 등장하는 연습 문제들은 중요한 정보를 문제를 푸는 과정에서 익힐 수 있도록 의도되었다. 또한 연습 문제들은 학문적인 가르침의 정황에서도 도움이 될 것이다. 그 해답들은 책의 마지막 부분에 있다.

두 번째 부분인 "연습 문제들과 학습 도우미"는 본 비평본의 실용성을 구체적인 예들을 통해 증명한다. 이 부분은 전문 용어들 및 서론적 정보, 전문적 비평 장치technical apparatus 및 부록들을 어떻게 적용하는지를 설명한다. 학문적인 맥락에서, 이러한 정도의 지식과 기술은 성경 문학에 특별한 관심이 있는 대학원생들에게 기대될 것이다.

세 번째 부분인 "학자들을 위한 비평본으로서의 NA 28판"는 전문적으로 신약 성경을 해석하는 연구자들과 교사들을 위한 NA 28판의 강점들 및 취약점들에 대한 개관을 제공한다. 또한 이 단락은 '노붐 테스타멘툼 그라이케' 28판 및 그 이전 판본들 사이의 중요한 차이점들을 요약한다.

독자들은 자세한 설명들을 충분히 이해하기 위해서 네스틀레-알란트 28판을 가까이 두고 있을 필요가 있다. 별도의 표시가 없으면 괄호안의 숫자들은 NA 28판의 쪽 수를 가리킨다.[1]

---

1. [옮긴이 주] 대한 성서 공회는 NA 28판을 한국어 서문과 함께 『그리스어 신약성서: 한국어 서문판(28판)』 (서울: 대한성서공회, 2014)라는 제목으로 출판하였다 (이후 『한국어 서문판』). 『한국어 서문판』의 출판으로 국내 독자들은 NA 28판에 더욱 손쉽게 접할 수 있게 되었다. 당연하겠지만, 아쉬운 점은 『한국어 서문판』과 원 NA 28판의 서문의 쪽수가 차이가 난다는 점이다. 따라서 옮긴이는 『한국어 서문판』과 원 NA 28판 둘 중의 하나를 선택한 독자들을 위해 우선 본서에서 제시한 쪽수를 표기한 이후(즉, 원 NA 28판의 쪽수), 필요할 경우 『한국어 서문판』의 쪽수를 『한국어 서문판』라는 표제와 함께 제공하고자 한다. 다시 말해, 『한국어 서문판』의 표시가 없는 쪽수는 전부 원 NA 28판의 쪽수를 가리킨다.

필자는 독자들에게 본 책이 유용하길 바라며, 또한 독자들이 헬라어 신약 성경의 이 간결한 비평본을 준비한 동료들의 노고에 감사하는 마음을 갖길 바란다.

2013년 9월

데이빗 트로비쉬

일러두기

옮긴이는 고대 저자들 이름과 관련하여 한국 교회사 학회의 인명 통일안을 사용했다. 아래에서 한국어 및 영어로 익숙한 이름들과 차이가 나는 대표적인 예들을 제시해 본다. 자세한 사항들에 대해서는 한국 교회사 학회의 자료를 참조하길 바란다.

예)

이전	한국 교회사 학회
말시온 / Marcion	마르키온
암브로스 / Ambrose	암브로시우스
암브로시아스터 / Ambrosiaster	암브로시아스테르
유세비우스 / Eusebius	에우세비오스
제롬 / Jerome	히에로니무스
프톨레미 혹은 톨레미 / Ptolemy	프톨레마이오스

I. 비평본의 구조와 의도

1. 헬라어 신약 성경 전승의 역사
2. 사본들
3. NA 28판의 한 면을 보면서
4. 판본의 구조
5. 이문 평가하기
6. 결론적 질문들

1. 헬라어 신약 성경 전승의 역사

오늘날에 손으로 복사된 약 5,500-6,000개의 신약 성경 사본들이 알려져 있으며, 그 숫자는 지속적으로 증가하고 있다. 이 사본들 각각에는 정확하게 동일한 표현을 가진 신약 성경 구절이 거의 존재하지 않는다. 왜일까?

헬라어 구약 성경(『칠십인 역』옮긴이)에 속한 대부분의 문헌들은 히브리어에서 번역된 오래된 번역본들old translations(흔히, 고대-역본들이라고 부름옮긴이)에 기초하고 있다. 십자가에 달리신 나사렛 예수의 마지막 말씀이 『마가복음』에서 "엘로이, 엘로이, 레마 사바흐타니?"Eloi, Eloi, lema sabachthani?로 인용되었을 때, 『마가복음』의 저자는 이 인용문이 의미하는 바를 "나의 하나님, 나의 하나님 어찌하여 나를 버리셨나이까 하는 뜻이라"(막 15:34)라고 곧이어 설명했다. 이러한 설명을 덧붙임으로써 복음서 저자는 독자들에게 예수께서 갈릴리 혹은 유대에서 농부들, 어부들, 바리새인들, 사두개인들 및 서기관들과 대화하셨을 때 헬라어로 말씀하지 않으셨다는 정보를 제공한다. 저자는 독자들로 하여금 예수의 말씀이 번역되어 제시된 것임을 일깨워준다.

성경Christian Bible의 독자들이 번역본을 읽고 있다는 점을 자각하고 있다는 것에 대한 단순한 관찰은 사본 전수의 첫 14세기의 기간 동안 왜 필사자들과 편집자들이 헬라어 본문을 개정하는데 자유로웠는지를 부분적으로나마 설명해 준다. 헬라어는 살아있는 구어spoken language(口語)였으며 또한 지금도 그렇다. 그리고 이 많은 변경들changes은 가독성readability(可讀性)을 증가시키고, 있을 법한 오해를 피하고, 서서히 발전하는 일상어vernacular로 표현들을 수정하기 위해 의도된 것들이었다. 물론 동일한 작업은 오늘날에도 계속 수행된다. 즉, 우리가 가진 현대 언어로 된 판본들은 정기적으로 개정된다. 편집자들은 관습에 따라 어색한 표현들을 더욱 친숙한 표현들로 대체할 것이고, 오늘날의 사용자들을 위해 문장 구조들을 더욱 매끄럽게 하기 위해 그 구조들을 갱신하고 또한 가끔 있을 수 있는 실수를 교정할 것이다. 『킹 제임스 성경』*King James Version*과 같이 숭상되는 판본들조차 이 매우 존경 받는 번역본의 유용성을 보장하기 위해 수없는 수정들을 경험해왔다.

헬라어 신약 성경의 전수와 관련하여, 학자들은 주후

8-15세기 기간 동안의 별개의 여러 비잔틴계 판본들Byzantine editions을 확인했다. 소위 이 교정본들*recensions*은 학자들로 하여금 사본들을 그룹으로 함께 묶도록 허용했고, 또한 그것들을 동일한 원형archetype(原型)으로부터 복사된 사본들로 여기도록 만들었다. 그러나 (주후 2-7세기의) 가장 이른 시기의 신약 성경 사본들에 대해, 그러한 그룹이 아직 확실하게 확정되지는 않았다.

편집적 변경들은 단순히 본문의 풍부한 이문들에 대해서만 설명해 주는 것은 아니다. 책을 복사하는 과정 중에 필사자들이 책을 복사하여 새로운 사본을 생산했을 때, 그들은 오래된 사본을 해독하면서 실수를 저질렀을 것이다. 실수를 하지 않고 손으로 본문을 복사하는 것은 분명 지극히 어려운 일이다.

NA 28판의 본문은 현존하는 이문들 중 어떤 것이 신약성경의 가장 오래된 형식을 기록하고 있는지, 그리고 그것들 중 어떤 것이 후대에 기인한 것이지를 분별하려고 시도한 국제적인 편집자 위원회는 그들의 결정들을 기록해두고 있다. 그러므로 NA 28판은 어떤 문학 작품의 외교적 편집본*diplomatic* edition 형태에 반하여, 절충적 편집본*eclectic* edition을 제공한다. 외교적 편집본들은 하나의 사본에 속한 표현들을 인쇄하고, 다른 사본들로부터의 이문들은 구별하여 등록한다.

학자용 히브리어 성경 편집본인 '비블리아 헤브라이카 스투트가르텐시아'*Biblia Hebraica Stuttgartensia*는 원리적으로 그러한 외교적 편집본과 유사하다. 네스틀레-알란트의 편집 위원들은 시간이 흐르면서 천천히 변했다. 새로운 사본들이 접근 가능해지고 방법론적 통찰력이 생겼을 때, 본문을 결정하는 전략은 재고되어야 했다. 주후 1898년의 첫 출판 이래로, 네스틀레-알란트는 28개의 별개의 편집본들로 제작되어왔다.

NA 28판의 또 다른 목적은 간결한 형태로 관련 있는 풍부한 정보를 제공하는데 있다. 이 목적을 성취하기 위해, 모든 사본들에 있는 모든 이문들이 표기되지 않는다. 대신, 편집자들은 선별된 사본들을 비교한 본문에서 수많은 구절들passages을 선택했다. 그 결과 각 쪽은 하단부에 간략한 비평 장치가 제시된다. 모든 사본들에 있는 모든 이문들을 포괄적으로 제시하기 위해, 학자들은 신약 성경 본문 연구소(3* n.1; 『한국어 서문판』, 4*, 각주 12)에서 현재 준비해 놓은 '에디티오 크리티카 마이오르'*Editio Critica Maior*("대비평본")와 같은 다른 자료들을 살펴보아야 할 것이다. 희망하기로는 그리 멀지 않은 미래에 제시된 이문들이 전자 형태로도 접근 가능하게 되길 바란다.

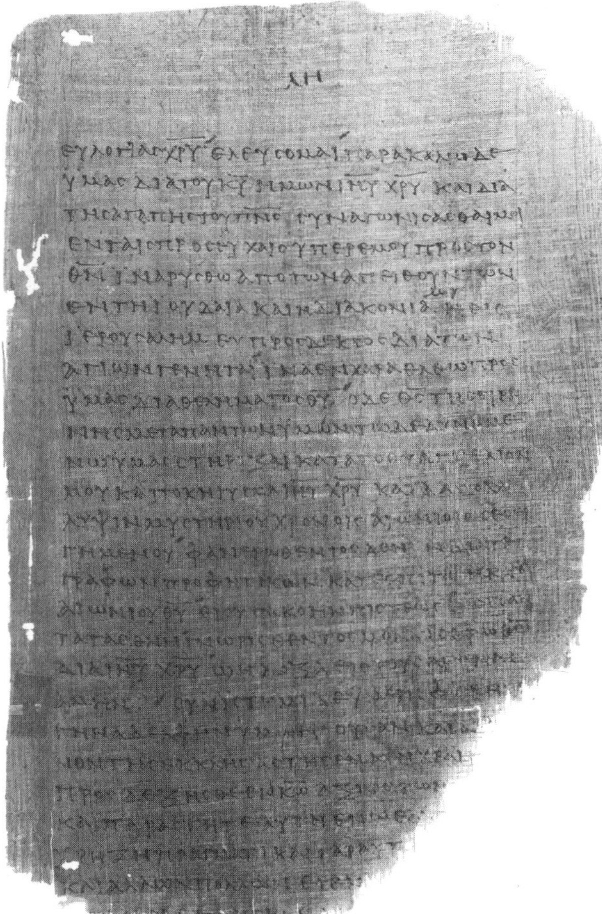

𝔓[46](파피루스 46번): P.Mich.inv. 6238, 38; 뒷면(verso). 로마서 15:29-16:3. 사진은 University of Michigan의 Graduate Library의 Papyrology Collection이 허락을 받아 복사되었다; 목록 번호: P.Mich. inv. 6238.

2. 사본들

파피루스 46번

17쪽의 𝔓46(파피루스 46번)의 사진은 현존하는 가장 오래된 바울 서신 사본에서 취한 것이다. 이 사본은 파피루스에 기록되었다. NA 28판은 이 사본을 𝔓46이라는 참고 번호를 붙여 사용한다. 그리고 이 사본의 연대를 주후 "약 200년 경"으로 매긴다(794). 사진에 제시된 쪽은 로마서 15:29-16:3의 본문을 제공하며, 현재 앤 아버Ann Arbor에 위치한 미시건 대학교University of Michigan에 보관 되어 있다.

𝔓46의 본문을 NA 28판에서 상응하는 인쇄된 본문(롬 15:19가 514에 나온다)과 비교할 때, 그 차이점들은 주목할 만하다. 신약 성경의 보다 오래된 모든 사본들처럼, 𝔓46은 소위 '메쥐스퀼'majuscules 혹은 '언샬'*uncials*이라고 불리는 대문자로만 기록된 사본이다. 반면, NA 28판은 대문자와 소문자를 병행하

여 사용한다.

게다가 𝔓⁴⁶의 본문은 구문론적인 요소들을 거의 보이지 않는다. 유사한 장과 절 번호는 사라지고, 구두점(예. 쉼표, 마침표, 의문 부호 혹은 감타 부호)은 존재하지 않으며, 개개의 단어들이 공간으로 분리되어 있지 않다.

𝔓⁴⁶의 노미나 사크라*Nomina Sacra*("거룩한 이름들")

신약 성경의 모든 사본들처럼, 𝔓⁴⁶ 역시 '노미나 사크라'nomina sacra(문자적으로 번역하면 "거룩한 이름들")라고 언급되는 축약형으로 기록된 많은 수의 단어들을 포함하고 있다. 이 전문 용어는 한 단어의 첫 번째 철자 하나 혹은 두 개 그리고 마지막 하나 혹은 두 개의 철자를 표기하고 중간에 있는 철자들을 제거한 형태로 기록된, 하나님, 주, 예수 및 그리스도와 같은 일단의 단어의 모음을 가리킨다. 필사자들은 가로줄을 단어의 맨 위쪽에 가로질러 그음으로 축약형들을 표시했다.

모든 사본들이 동일한 단어들의 선택을 '노미나 사크라'("거룩한 이름들")로 적어둔 것은 아니다. 그리고 한 필사자가 동일한 사본의 한 곳에서는 한 단어를 축약하고, 다른 곳에서는 그 동일한 단어를 완전한 형태로 표기하는 것은 특이한 일이 아니었다.

𝔓^{46}으로부터 다시 복사된 본문의 첫 번째 두 줄은 세 개의 '노미나 사크라'("거룩한 이름들")를 담고 있는데, 그것들 모두 NA 28판에서는 정서(正書)되어 있다.

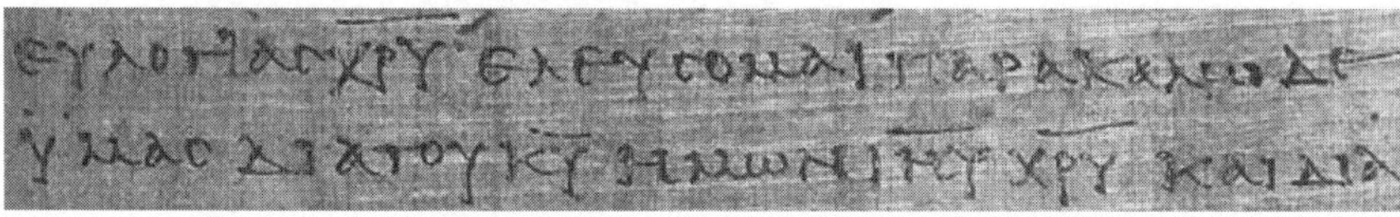

베껴 옮기기 transcription

ΕΥΛΟΓΙΑΣΧ̅Ρ̅Υ̅ΕΛΕΥΣΟΜΑΙΠΑΡΑΚΑΛΩΔΕ
ΥΜΑΣΔΙΑΤΟΥΚ̅Υ̅ΗΜΩΝΙ̅Η̅Υ̅Χ̅Ρ̅Υ̅ΚΑΙΔΙΑ

'노미나 사크라'("거룩한 이름들")를 포함하지 않은 베껴 옮기기transcription에서 단어들은 정서되어 있으며, 띄어쓰기가 단어 사이에 삽입되어 있고, 대문자와 소문자가 사용되고 악센트와 숨표가 표시된다:

εὐλογίας Χριστοῦ ἐλεύσομαι παρακαλῶ δὲ
ὑμᾶς διὰ τοῦ κυρίου ἡμῶν Ἰησοῦ Χριστοῦ καὶ διὰ

'노미나 사크라'("거룩한 이름들")를 포함하지 않은 베껴 옮

기기는 NA 28판로부터 다시 복사하기 형태로 제시될 수 있다(514):

ἐν ⸀πληρώματι εὐλογίας ⸆ Χριστοῦ ἐλεύσομαι.
30 Παρακαλῶ δὲ ὑμᾶς °[, ἀδελφοί,] διὰ τοῦ ⸆ κυρίου
ἡμῶν Ἰησοῦ Χριστοῦ καὶ διὰ τῆς ἀγάπης τοῦ πνεύματος

주후 15세기에 인쇄술의 출현과 함께, 헬라어 신약 성경의 표준 판본들은 '노미나 사크라'("거룩한 이름들")를 사용하는 관습을 중단했다. NA 28판은 이 관습을 따른다.

위의 본문은 또한 NA 28판이 현존하는 가장 오래된 사본, 즉 𝔓46의 본문을 단순히 재 인쇄한 것이 아니라는 것을 증명해 준다. 예를 들어, NA 28판의 본문과 𝔓46과의 비교는 편집자들이 비평 부호들을 덧붙임으로서 본문을 구성했을 뿐만 아니라, 𝔓46에는 없는 헬라어 단어 '아델포이'(αδελφοι)를 보충했음을 보여준다. 이 비평본의 의도는 가장 오래된 사본에 담겨있는 "가장 오래된 본문"을 다시 인쇄하는 것이 아니라, 모든 사본들이 기인한 가설적인 "마스터 카피"master copy("원본")의 본문, 즉 편집자들이 "처음 본문"*initial text*이라고 부르는 본문을 재구성하는 것이다.

코덱스Codex

𝔓[46]의 개시부header는 두 개의 헬라어 숫자, 즉 38쪽을 가리키는 ΛH를 보여준다(17쪽을 보라). 신약 성경의 거의 모든 사본들은 두루마리scrolls가 아닌 책 형태, 즉 코덱스*codices*에 기록되었다. 이점이 주목할 만한데, 그 이유는 주후 4세기까지 고대 책 제작 업계는 문학 작품들을 대상으로 할 때 주로 두루마리를 사용했기 때문이다. 코덱스는 소위 한 묶음*quires*의 형식으로 여러 장의 종이를 서로 위에 놓음으로써 오늘날의 책처럼 제작되었다. 각 쪽의 앞면과 뒷면은 본문을 담았다. 다른 한 편, 두루마리는 재료의 한 면에만 기록되었다. 두루마리를 생산하기 위해서는 종이가 원하는 길이의 두루마리로 만들어 지도록 풀로 함께 붙여지거나(파피루스의 경우) 혹은 바느질되었다(양피지의 경우).

파피루스Papyrus, 메쥐스쿨Majuscule("대문자 사본"), 미뉘스쿨Minuscule("소문자 사본")

네스틀레-알란트는 파피루스 위에 기록된 사본들과 다른 재료들을 사용한 사본들을 구분한다. 다른 재료들을 사용한 대부분의 사본들에는 동물 가죽으로 만들어진 양피지가 사용되었다. 그러나 후대에는 종이로 된 사본들 역시 일부 존재한다. 파피루스 이외의 재료에 기록된 사본들은 그것들의 필적handwritings(筆跡)에 따라 추가적으로 분류된다: 메쥐스쿨("대문자 사본")은 대문자로만 기록되었다. 미뉘스쿨("소문자 사본")은 대문자와 소문자를 함께 사용해 기록되었다. 그러므로 사본들은 그것들에 사용된 재료들에 근거해서만 분류되는 것은 아니다; 사본들은 또한 문자 양식에 따라서도 구별된다.

파피루스는, 𝔓[1] 𝔓[13] 𝔓[46]의 경우처럼, 뒷부분에 어깨 숫자를 가진 𝔓를 가지고 비평 장치에 표기된다. 메쥐스쿨("대문자 사본")은, ℵ B Ψ 0108처럼, 히브리어, 헬라어 혹은 라틴어 대문자로 표기되거나 혹은 숫자 0으로 시작하는 숫자로 표시된다. 미뉘스쿨("소문자 사본")은, 33. 81. 323.처럼, 표제항entry에 숫자 0이 없는 숫자와 마침표로 표시된다.

요약

NA 28판의 사용자들은 단어, 장과 절의 숫자, 문단, 구두점 및 인쇄된 헬라어 본문의 다른 모든 구조적 요소들 사이의 공간은 가장 오래된 사본들에서는 발견되지 않고, 이것들은 편집상의 결정들을 반영하고 있다는 점을 의식하고 있어야 한다. 번역본들과 헬라어 본문의 대안적 판본들alternative editions은 이 구문적 표식들과 관련하여 서로가 매우 다양할 것이다. 예를 들어, 네스틀레-알란트 전통에 속한 편집본들은 일반적으로 독일식 구두점들을 따르는데, 이것들이 이따금 영어권 사용자들을 혼란스럽게 만들기도 한다.

쪽 번호, 행 바꿈, 악센트 및 '노미나 사크라'("거룩한 이름들") 표시법과 같은 사본들의 편집적 요소들은 NA 28판에서 다시 인쇄되지 않는다. 철자법orthography(정자법)은 표준화 되었고 또한 고전 헬라어의 학문적 관습을 반영한다. 그러므로 특정 사본에 담긴 한 단어의 정확한 철자를 재구성하기 위해 NA 28판을 활용하는 것은 현실성이 없는 일이다. 만약 비평장치에 이 단어가 의미심장하게 표기되어있지 않다면 말이다.

마태복음 24:17–18

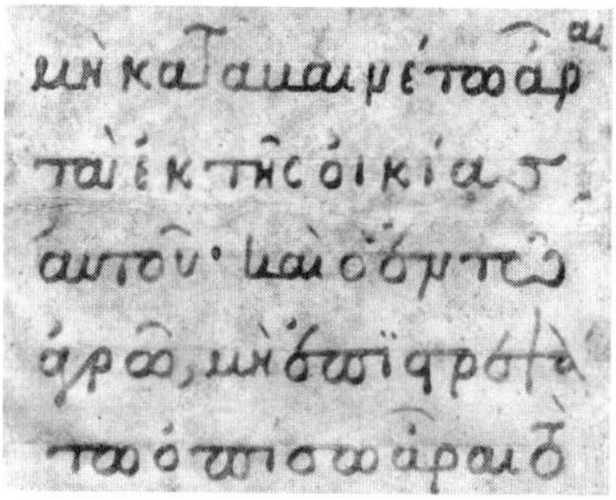

μη καταβαινετω αραι
τα εκ της οικιας
αυτου 18 και ο εν τω
αγρω μη επιστρεψα-
τω οπισω αραι το

미뉘스퀼("소문자 사본". 성구집) *l* 1372. 주후 14세기. New York의 American Bible Society의 허락하에 디지털 방식으로 재생됨.

Excursus: 헬라어를 모르는 학생들을 위해

헬라어가 신약 성경의 초기 독자들의 대다수에게 모국어가 아니었으며 또한 신약 성경의 저자들 중 많은 이들에게도 모국어가 아니었던 것 같다. 신약 성경은 일반적으로 "보통" 헬라어"common" Greek를 의미하는 코이네 헬라어*Koine Greek*라고 하는 것으로 기록되었다. 이 헬라어는 지중해 세계 전역에서 다국적 대화를 위해 사용된 '링구아 프랑카'*lingua franca*("공통어")를 대표했고, 그 위치는 사업과 학문적 대화를 위해 오늘날 유럽에서 영어를 사용하고 있는 것과 비견할 만하다. 주후 첫 2세기 동안 로마 제국에서 제작되고 상업적으로 보급된 많은 문학 작품들이 이 헬라어로 작성되었다.

헬라어가 고대에 어떻게 발음 되었는지 확인할 방법이 거의 없다. 단지 헬라어 본문의 발음법pronunciation은 발음대로phonetically 한다는 것이 일반적인 관습으로 남아있다. 그래서 동일한 언어 사용하는 사람들은 헬라어가 발음되는 것을 들었을 때 헬라어를 정확하게 표기할 수 있었다. 그 점을 생각하면 독일인들이 헬라어 단어를 말할 때도 있는데, 독일인 청자들은 그때 쉽게 각 자음과 각 모음을 구별할 수 있다. 예를 들어, 독일인들은 영어에서는 사용하지 않는 몇몇의 움라우트*Umlaute*를 사용한다. 다른 한편, 독일인들은 헬라어 자음자 Θ('테타')를 (예를 들어, 영어의 this의) th('드')처럼 발음하지 않을 것이다. 왜냐하면 그 소리가 독일어에는 존재하지 않기 때문이다. 고대 헬라어는 다양한 현대 언어 사용자들에 의해 각각 다르게 발음된다. 그리고 그들의 발음들 중에 어떤 것도 고대의 관습을 대표한다고 주장할 수 없다. 또한 많은 학자들은 오늘날 그리스에서 사용되거나 혹은 그리스 정교회 예전에서 국제적으로 사용되는 것처럼 현대 헬라어가 고대 헬라어의 발음 지침으로 사용되어서는 안된다는 점에도 동의한다.

헬라어 알파벳

대문자	소문자	철자이름	표기	발음 방식
Α	α	알파	a	father
Β	β	베타	b	
Γ	γ	감마	g	gift
Δ	δ	델타	d	
Ε	ε	엡실론	e	metropolitan
Ζ	ζ	제타	z 혹은 dz	zebra(단어의 처음), adze
Η	η	에타	ē	obey
Θ	θ	테타	t	theme
Ι	ι	이오타	i	pit(단모음) 혹은 magazine(악센트어 따라 장모음)
Κ	k	까파	k	
Λ	λ	람다	l	
Μ	μ	뮈	m	
Ν	ν	뉘	n	
Ξ	ξ	크시	x	relax
Ο	ο	오미크론	o	omelet
Π	π	뻐	p	
Ρ	ρ	로	r	
Σ	σ	시그마	s	
	ς	시그마 어말형	s	단어의 끝에 사용됨: Χριστος

대문자	소문자	철자이름	표기	발음 방식
Τ	τ	따우	t	
Υ	υ	윕실론	y; 중모음에서는 u	tube
Φ	φ	피	ph	phone
Χ	χ	키	ch	chemistry
Ψ	ψ	프시	ps	hops
Ω	ω	오메가	ō	lone

자음 조합

σχ	sch	school
γγ	ng	angel
γκ	nk	uncle
γξ	nx	thanks
γχ	nch	anchovies

이중 모음

αι	ai	aisle
ᾳ	a	일반적인 *alpha*처럼
αυ	au	crowd
ει	ei	height
ευ	eu	feud

ῃ	ē	일반적인 *eta*처럼
ηυ	ēu	feud
οι	oi	void
ου	ou	group
υι	ui	suite
ῳ	ō	lone

악센트

´	에큐트	악센트를 가진 음절이 강조된다.
`	그레이브	
῀	써컴플렉스	

기식

만약 한 단어가 모음으로 시작된다면 기식*spiritus*이 해당 모음 위에 표시된다.

᾿	약기식*spiritus lenis*	발음되지 않는다.
῾	강기식*spiritus asper*	*hypocrite*의 *h*처럼 발음된다.

ῥ	써컴플렉스*circumflex*	단어 처음에서 '로'(Ρ, ρ)는 강기식*apiritus asper*(ῥ)을 갖게 된다. 이 철자는 *rh*로 표기된다. 그러나 *rheumatism*의 경우에서처럼 일반적인 *rho*와 동일하게 발음된다.

읽기 연습

a. 32쪽으로 가서 손으로 헬라어 본문의 첫 네 줄(고전 16:21-24)을 베껴 써라. 악센트와 기식은 무시해도 좋다(→ 해답).[2]

b. 모음으로 시작하는 모든 단어를 표시하라. 만약 모음이 강기식을 가지고 있으면 기식을 더하라. 그래서 그 단어의 시작에 있어서 기식 소리 'ㅎ'(*h*)를 발음하는 것을 잊지 마라.

c. 단어를 큰 소리로 읽을 때 강조 혹은 강세를 가리키는 악센트를 가진 각 단어의 모음 혹은 이중 모음에 밑줄을 표시하라(→ 해답).

d. 위에 있는 도표들을 사용하여 각 단어를 발음해 보고 본문을 큰 소리로 읽어라. 다음 사항을 확인하라:

---

2. [원주 1](→ 해답)로 표시된 연습 문제들과 질문들은 책의 끝 부분에 해답이 제공된다.

'에타'와 '엡실론', '오미크론'(단모음)과 '오메가'(장모음)를 청자가 차이 나게 들을 수 있을 정도로 충분히 구별하고 있는가?

- *ου*('우')를 이중 모음으로 인식하고 바르게 발음하고 있는가?
- 강기식을 'ㅎ'(*h*)로 발음하고 있는가?
- 악센트를 가진 음절에 강세를 두고 있는가?

쓰기 연습

a. 필요에 따라 위의 도표들을 참조하면서, 다음의 이름들을 헬라어 철자로 표기하라. NA 28판에 제시된 이름들에 따라 표기한 바를 확인해보라: 아브라함Abraham(마 1:1); 이삭Isaac과 야곱Jacob(마 1:2); 유다Judas, 다말Tamar 및 아람Aram(마 1:3); 룻Ruth(마 1:5); 요셉Joseph과 예수Jesus(마 1:16).

b. 고전 16:21-24의 본문을 다시 한 번 손으로 써라. 이번에는 대문자를 본문에 써라. 악센트와 기식은 무시해도 좋다 (→ 해답).

3. NA 28판의 한 면을 보면서

고린도전서의 마지막 부분과 고린도후서 시작 부분의 본문을 담고 있는 인쇄본은 다음과 같다:

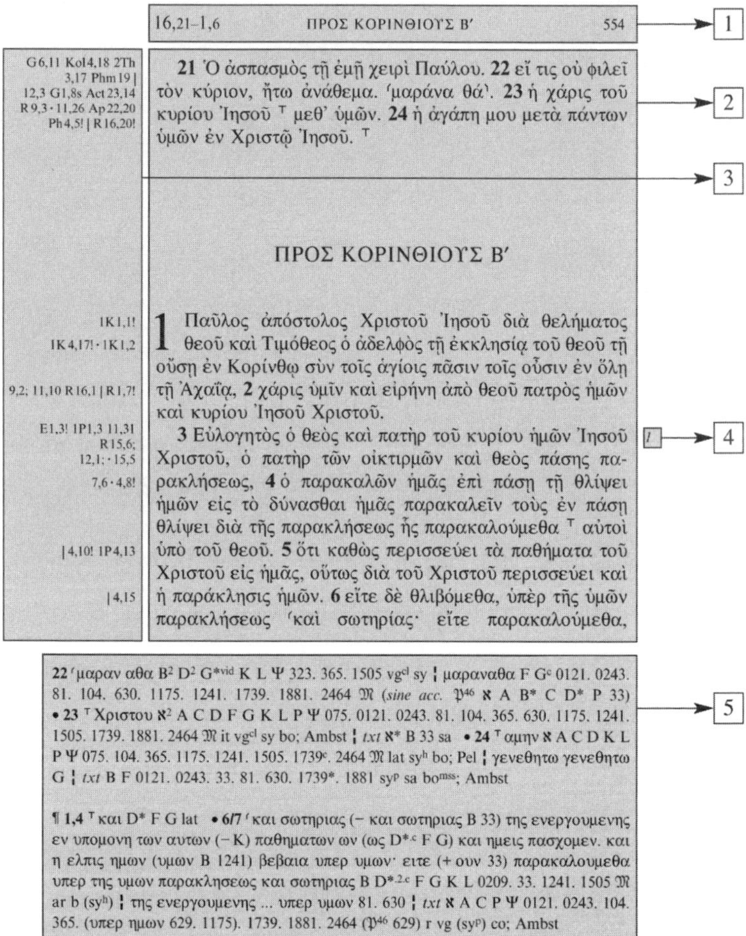

[1] 위쪽 난외top margin는 판본의 쪽수, 각 저술의 헬라어 제목 및 장절을 연속된 게시부running header로 나타낸다.

[2] 헬라어 본문은 쪽은 중앙 부분에 가장자리 맞춤으로 인쇄되었다.

[3] 바깥 난외주outer margin는 본문 병행구들을 기재한다.

[4] 안쪽 난외주inner margin는 사본 전승에 일부분에서 발견되는 것으로 본문을 구성하는 다른 방식을 지시한다.

[5] 본문의 맨 아래 부분은 사본들에 나타나는 이문들을 상세히 기록해 놓은 비평 장치를 제공한다.

NA 28판의 비평 장치를 성공적으로 사용하기 위해 독자들은 헬라어 알파벳에 익숙해져야 하며, 또한 비평 장치에서 사용되는 가장 일반적인 비평 부호들을 이해해야만 한다. 또한 독자들은 어디서 모든 약어들에 대한 설명을 찾아야 할지, 그리고 어디서 본문 증거들에 대한 기초 정보를 얻어야 할지를 알 필요가 있다.

연습문제

a. 연속된 게시부running header가 "KATA MARKON"('까따 마르꼰'. 문. "마가에 따른"옮긴이)로 바뀔 때까지 처음부터 NA 28판 전체를 엄지손가락에 걸쳐 넘기면서, 마가복음 10:46을 포함하고 있는 쪽을 확인하라. 그러고 나서 시각 장애인 바디메오가 고침 받은 이야기가 시작하는 곳인 마가복음 10:46을 포함한 쪽에 이르기까지 머리말의 바깥 가장자리에 표시된 장절을 확인하라.

b. 바깥 난외주에서 병행구절 표시를 찾으라. 이 이야기가 마태복음과 누가복음의 어느 부분에 있는가(→ 해답)?

c. 헬라어 본문에서 46절의 시작점을 확인하라. 숫자 **46**이 굵게 인쇄되어 있다.

d. 절수 바로 뒤에 네모(ᄆ)처럼 생긴 비평 부호가 있다. 이 부호는 Καὶ ἔρχονται εἰς Ἰεριχώ("그리고 그들이 여리고로 갔다") 구문의 시작을 표시한다. 이 네 단어 뒤에 작은 어깨 표시로 된 역 슬래시(\)가 그 언급의 끝 부분을 표시한다. 이 부호들은 그 네 개의 헬라어 단어들이 일부 본문 증거들에서는 분실되어 있음을 지시한다. 아래쪽 비평 장치로 내려가서 46절에 대한 비평 정보critical notes의 시작점을

확인하라. 그곳에 작은 네모(□)가 반복된다. 그 네 개의 헬라어 단어가 본문 증거들 가운데 어느 것에서 분실되어 있는가(→ 해답)?

4. 판본의 구조

NA 28판은 세 부분으로 구성되어 있다: 서론, 비평 장치를 포함한 비평 본문 그리고 부록. 비평 본문과 비평 장치가 어떻게 형성되었는지에 대한 정보는 책의 초반부에서 제공된다. 본문 증거에 대한 정보는 책의 끝부분(부록)에 제공된다.

4.1. 서론과 본문을 담고 있는 주요 부분 및 비평 장치

비평 부호들

만약 한 본문의 두 판들이 상호 비교된다면, 그것들의 차이점들은 네 개의 범주들로 정리될 수 있다: 추가additions, 삭제deletions, 대체replacements 및 재배열rearrangements. 그러므로 NA 28판의 사용자들은 이 비평본에서 주요 차이점들을 지시하는 부호들에 익숙해져야만 한다.

생략

° 뒤따르는 단어가 생략되었다. 이 비평 부호는 "omitted"("생략된")의 *o*와 유사하다.

⸋ ... ⸌ 여러 단어들이 생략되었다. 생략의 처음과 마지막이 표시된다.

삽입

⸆ 이 부분에서 본문이 삽입되었다.

대체

어떤 단어들을 다른 단어들로 대체하는 것은 기술적으로 추가뿐만 아니라 삭제를 포함한다. 때때로 그러한 이문들이 이러한 방식으로 지시된다. 그러나 대부분의 경우 이러한 종류의 이문은 대체 부호로 표시함으로써 공간을 절약한다.

⸀ 뒤따르는 단어가 대체되었다.

⸂ ... ⸃ 여러 단어들이 대체되었다.

재배열

⸉ ... ⸊ 이 표시들 사이에 놓인 단어들이 재배열되었다.

연습문제

a. 아래의 예에서 New Revised Standard Version(NRSV) 본문이 본문란text line에 놓여 있다는 것과 비평 장치가 동일한 본문에 대한 New International Version(NIV)의 본문 이문text variants을 언급하고 있다는 것을 가리킨다. NIV의 단어들을 재구성하라(→ 해답).

본문(NRSV 유 1-2): Jude, a servant of Jesus Christ and ⸆brother of James, To those who ⸀are called, who are ⸂1beloved in God the Father and kept ⸋safe for Jesus Christ: ⸋1May mercy, peace, and love be yours in abundance.

비평장치: ⸆ a NIV | ⸀have been NIV | ⸂1loved NIV | ⸋NIV | ⸋1NIV.

b. 자 이제 NIV를 본문에 위치시키고 비평 장치에 NRSV의 차이나는 본문을 언급함으로써 (아래의 사항을 포함시켜서) 유다서 3절에 대한 비평 장치를 만들어보라. 다음의 관습에 주의를 기울여라: (a) 만약 동일한 부호가 한 번 이상

사용된다면, 그 부호 뒤에 숫자를 추가하라. 예를 들어, 첫 번째 생략을 °로, 단어의 두 번째 생략은 °1로, 다음은 °2로, 그리고 등등으로. (b) 선 |를 가지고 비평 장치의 표제항들 entries을 분리하라. 이 연습에 있어서는 문장부호에 나타나는 이문은 무시하라.

NIV: Dear friends, although I was very eager to write to you about the salvation we share, I felt compelled to write and urge you to contend for the faith that was once for all entrusted to God's holy people.

NRSV: Beloved, while eagerly preparing to write to you about the salvation we share, I find it necessary to write and appeal to you to contend for the faith that was once for all entrusted to the saints(→ 해답).

비평 장치의 표제항들의 구조

표제항들은 전통적인 절수를 언급한다.

- 절의 처음에 굵은 글씨로 인쇄된 숫자가 뒤따르는 굵은 점으로 표시된다(위의 예제 [32쪽 참조] 고전 16:23의 표제항entry을 보라: •23).

...|... 만약 한 절이 하나 이상의 알려진 이문 보다 더 많은 것을 가지고 있다면, 예를 들어, 한 장소에서는 생략, 다른 곳에서는 삽입이 있는 경우, 그렇다면 그 표제항들은 세로 줄로 분리된다.

...¦... 그러나 만약 본문의 동일한 장소에 언급된 하나 이상의 이문이 있다면, 예를 들어, 한 사본에 삽입이 있는데 다른 사본의 동일한 장소에 생략이 있을 경우, 그렇다면 이 읽기들은 [32쪽 참조] 중간이 끊긴 세로 줄로 분리된다(고전 16:22, 23, 24를 보라).

¦ txt 표제항의 마지막에 있는 이 비평 부호는 해당 본문이 비평본의 본문 줄에 인쇄되어 있는 단어를 지지하는 증거들의 목록을 소개한다.

비평 장치에서의 증거들의 배열

이문에 대한 증거들은 항상 동일한 순서로 목록화된다.

(1) 헬라어 사본들이 맨 처음 언급된다. 사본들은 세 개의 범주로 구성된다: 파피루스, 메쥐스쿨("대문자 사본") 및 미뉘스쿨("소문자 사본").

a. 파피루스는 "𝔓"로 표시되며, 어깨 숫자가 뒤따른다: 𝔓[1]

𝔓13 P46.

b. 메쥐스쿨("대문자 사본")은 다음에 제시된다. 각 사본은 히브리어나 라틴어나 헬라어의 대문자 혹은 0으로 시작하는 숫자로 표시된다: ℵ B Ψ 0180.

c. 미뉘스쿨("소문자 사본")은 마침표를 가진 (맨 앞에 0이 없는) 숫자로 언급된다: 33. 81. 323.

(2) 헬라어 사본 뒤에 신약 성경의 초기 역본들(예. 라틴어, 시리아어, 콥트어)이 언급된다. 이 역본들에 대한 추가적 정보를 위해서 81-82쪽을 보라.

(3) 이 표제항은 초대 기독교 문헌들에서 발견되는 해당 본문의 인용 목록으로 종결된다. 이 목록은 중간 쉼표 ";"로 앞선 표시들로부터 분리된다(아래 83-84쪽을 보라).

연습문제

c. 사도행전 1:10의 표제항은 다음의 증거 목록을 제시한다: "𝔓56c ℵ A B C* Ψ 81. 323. 945. 1175 lat; Eus." 이 증거들 중 어떤 것이 미뉘스쿨("소문자 사본"), 메쥐스쿨("대문자 사본"), 파피루스, 고대 역본 및 인용인지 확인하라(→ 해답).

4.2. 부록

헬라어 사본들(부록 I. A: 헬라어 코덱스들)

부록의 첫 번째 부분은 NA 28판의 본문과 비평 장치를 구성하는데 사용된 사본들에 대한 정보를 제공한다(부록 I의 두 번째 부분에 대해서는 89-90쪽을 보라). 이 정보는 네 개의 세로 단들columns에 제시된다.

*$\mathfrak{P}^{126}$	IV	Firenze, Ist. Pap. «G. Vitelli», PSI inv. 2176	H 13,12-13.19-20
*$\mathfrak{P}^{127}$	V	Oxford, Ashmolean Mus.; P.Oxy. 4968	Act 10,32-35.40-45; 11,2-5; 11,30–12,3.5.7-9; 15,29-30.34-41; 16,1-4.13-40; 17,1-10
*א 01	IV	London, Brit. Libr., Add. 43725	eapr
*A 02	V	London, Brit. Libr., Royal 1 D. VIII	eapr (vac. Mt 1,1–25,6; J 6,50–8,52; 2K 4,14–12,6)
*B 03	IV	Città del Vaticano, Bibl. Vat., Vat. gr. 1209	eap (vac. 1T–Phm; H 9,14-fin.)
*C 04	V	Paris, Bibl. Nat., Gr. 9	eapr (vac. Mt 1,1-2; 5,15–7,5; 17,26–18,28; 22,21–23,17; 24,10-45; 25,30–26,22; 27,11-46; 28,15-fin.; Mc 1,1-17; 6,32–8,5; 12,30–13,19; L 1,1-2; 2,5-42; 3,21–4,25; 6,4-36; 7,17–8,28; 12,4–19,42; 20,28–21,20; 22,19–23,25; 24,7-45; J 1,1-3; 1,41–3,33; 5,17–6,38; 7,3–8,34; 9,11–11,7; 11,47–13,7; 14,8–16,21; 18,36–20,25; Act 1,1-2; 4,3–5,34; 6,8; 10,43–13,1; 16,37–20,10; 21,31–22,20; 23,18–24,15; 26,19–27,16; 28,5-fin.; R 1,1-2; 2,5–3,21; 9,6–10,15; 11,31–13,10; 1K 1,1-2; 7,18–9,6; 13,8–15,40; 2K 1,1-2; 10,8-fin.; G 1,1-20; E 1,1–2,18; 4,17-fin.; Ph 1,1-22; 3,5-fin.; Kol 1,1-2; 1Th 1,1; 2,9-fin.; 2Th; 1T 1,1–3,9; 5,20-fin.; 2T 1,1-2; Tt 1,1-2; Phm 1-2; H 1,1–2,4; 7,26–9,15; 10,24–12,15; Jc 1,1-2; 4,2-fin.; 1P 1,1-2; 4,5-fin.; 2P 1,1; 1J 1,1-2; 4,3-fin.; 2J; 3J 1-2; Jd 1-2; Ap 1,1-2; 3,20–5,14; 7,14-17; 8,5–9,16; 10,10–11,3; 16,13–18,2; 19,5-fin.)
*D 05	V	Cambridge, Univ. Libr., Nn. 2. 41	ea (vac. Mt 1,1-20; 6,20–9,2; 27,2-12; J 1,16–3,26; Act 8,29–10,14; 21,2-10.16-18; 22,10-20.29-fin.; Jc–Jd [Mt 3,7-16; Mc 16,15-20; J 18,14-20,13 suppl.])
*D 06	VI	Paris, Bibl. Nat., Gr. 107 AB	p (vac. R 1,1-6; [1,27-30; 1K 14,13-22 suppl.])
E 07	VIII	Basel, Univ. Bibl., AN III 12	e†
*E 08	VI	Oxford, Bodl. Libr., Laud. Gr. 35	a (vac. Act 26,29–28,26; Jc–Jd)
*F 010	IX	Cambridge, Trin. Coll., B. XVII. 1	p (vac. R 1,2–3,18; 1K 3,8-15; 6,7-14; Kol 2,1-8; Phm 21-fin.; H)

799 CODICES GRAECI ET LATINI

부록 I.A: 헬라어 코덱스들(799)

첫째 세로 단 Column 1

첫 번째 세로 단(ms. nr.[사본 번호])은 비평 장치에 나열되어 있듯이 사본의 약어 명칭을 가리킨다. 증거들은 파피루스, 메줘스쿨("대문자 사본"), 미뉘스쿨("소문자 사본")의 순서로 배열된다.

왜 비평 장치에서 일부 메줘스쿨("대문자 사본")들은 대문자로만 표시되고 다른 것들은 숫자로만 표기되는가? 알파벳 철자 명칭은 알파벳 철자들이 특정한 사본을 지시하는데 충분한 것처럼 보였던 소수의 메줘스쿨("대문자 사본")들이 알려져 있을 당시 제정된 것이다. 그러나 오늘날 300개 이상의 등록된 메줘스쿨("대문자 사본")들에 대해 모든 사본은 0으로 시작하는 숫자를 배정 받았다. 이 숫자는 첫 번째 세로 단에서 전통적인 알파벳 철자 옆에 인쇄된다.

별표asterisk(*)는 편집자들이 해당 사본이 너무 중요하다고 간주해서 그 사본의 읽기 본문이 비평 장치에 상시 언급되고 있음을 가리킨다.

둘째 및 셋째 세로 단 Columns 2 and 3

둘째 세로 단(saec= *saeculum*, "세기")은 로마 숫자 표기로 사본의 출현 세기를 표기함으로써 사본의 대략의 연대를 제공한다. 이 연대는 단지 예비 교육을 위한 것이다. 왜냐하면 그러한 평가들이 종종 학자들 가운데 심각하게 논쟁거리가 되기 때문이다.

세 번째 세로 단bibliotheca은 NA 28판이 인쇄되었을 당시 해당 사본이 보관되어 있던 도시와 기관을 제공한다. 이것은 또한 특정 도서관의 청구 번호를 언급한다.

예를 들어, 058에 대한 표제항, "Wien, Österr. Nat. Bibl., Pap. G. 39782"는 이 사본이 빈Wien에 위치한 오스트리아 국립 도서관Österr. Nat. Bibl.에 청구 번호 Pap. G. 39782로 보관되어 있음을 가리킨다.

네 번째 세로 단Column 4

네 번째 세로 단(cont.= *continent*, "그것들이 포함한다")은 종종 단지 네 개의 알파벳 철자, 즉 e, a, p, r을 사용하여 사본의 내용을 설명한다. 이 네 개의 알파벳 철차는 신약 성경 사본들의 네 개의 모음 단위들을 설명해준다.

대다수의 신약 성경 인쇄본들은 사복음서들로 시작하여, 뒤에 『사도행전』, 바울서신, 공동서신이 따르고 『요한 계시록』으로 끝난다. 신약 성경은 고대 시대에 네 권으로 구성된 하나의 문학적 작품으로 여겨졌던 것 같다. 대부분의 사본들은 이 네 권들 중 한 권만을 담고 있다. 그리고 일부는 둘 혹은 세 권을 결합시켜 놨다. 그러나 (1 퍼센트보다 적게) 매우 적은 사본들이 27권 전체를 보존하고 있다. 이 사실이 왜 NA 28판의 편집자들이 네 개의 알파벳 철자를 사용함으로써 한 사본의 원래 내용을 설명하기로 선택한 이유이다.

e　사복음서*evangelium*

p　바울서신. 이 모음집은 14개의 편지들로 구성되어 있다. 사본 전수가 고려되는 한, 『히브리서』는 바울 문집Pauline corpus의 일부분이다.

a　『사도행전』과 공동서신. 『사도행전』과 공동서신이 단 하나의 알파벳 철자로 언급된다는 것을 알게 된 것이 놀라움으로 다가오게 될 것이다. 오늘날의 인쇄본들은 보통 바울 서신을 『사도행전』과 공동 서신 사이에 제공한다. 그러나 본래 신약 성경 전체를 담고 있는 가장 오래된 4개의 증거들(א, A, B, C; 아래의 47-48쪽을 보라)은 『사도행전』을 공동서신 앞에 제공한다. 종종 후기 사본들이 오늘날 우리의 순서를 보여준다. 아마도 동기가 완전히 분명하지는 않지

만 비잔틴 판본들의 편집자들이 작품 순서들을 재배열했고 바울서신을 『사도행전』과 공동 서신 사이에 삽입했던 것 같다. 주후 16세기의 최초 출판물들은 비잔틴 시대의 후대 사본들로부터 헬라어 본문을 제작했고, 이 인쇄된 판본들로부터 그 본문이 주후 1898년 첫 번째 네스틀레 판본으로 채택되었다. 비록 NA 28판이 비잔틴 시대 이전의 본문을 재구성했을지라도, NA 28판은 비잔틴 시대 이전의 순서로 신약 성경의 작품들을 배열하지 않는다.

r 『요한 계시록』

예를 들어, 사본 221에 대한 표제항 "ap"는 이 미뉘스쿨("소문자 사본")이 『사도행전』, 공동서신 및 바울서신을 포함하고 있다는 것을 가리킨다. 그러나 사본 221에서 바울 서신이 그 사본의 맨 앞에 있는지 아니면 맨 뒤에 있는지 혹은 그 모음집이 『사도행전』과 공동서신 사이에 삽입되어 있는지를 말하는 것은 불가능하다. 또한 이 표제항으로 우리는 『히브리서』가 『데살로니가후서』와 『디모데전서』 사이에 제시되고 있는지 아니면 『빌레몬서』 뒤에 나오는지 말할 수 없다.

많은 사본들이 소실되어왔기에 편집자들은 종종 어

떤 구절들이 소실되어있는지를 표시한다. 소실된 본문은 "vac."(*vacat*, "그것이 빠져있다")로 표시된다. 메쥐스쿨("대문자 사본") Δ 037에 대한 표제항 "e (vac. J 19,17-35)"는 이 사본이 요한복음 19:17-35를 제외한 사복음서를 포함하고 있다는 것을 가리킨다.

신약 성경 전체를 담고 있는 가장 오래된 네 개의 사본들

헬라어 신약 성경의 최초 본문 재구성에 특별히 도움이 된다고 간주되는 네 개의 사본들은 NA 28판에서 상시 언급된다. 네 사본들 모두는 주후 4-5세기로 연대가 추정되는 메쥐스쿨("대문자 사본")들이다. 이 모두는 원래 구약 성경도 포함하고 있었다. 그 점이 이것들을 단지 신약 성경 뿐만 아니라, 헬라어로 된 기독교 성경의 현존하는 가장 오래된 복사본들로 만든다.

- **א** 01 (주후 4세기). 이 사본은 사본이 주후 1844년에 콘스탄틴 폰 티쉔도르프Konstantin von Tishendorf에 의해 발견된 장소였던 시내산Mount Sinai의 성 케서린 수도원의 이름을 따서 *시나이티쿠스 코덱스Codex Sinaiticus*(시내산 사본)라고 불린다. 현재 이 사본은 런던에 위치한 대영 도서관the British Library에

보관되어 있다.

- A 02 (주후 5세기). *알렉산드리누스 코덱스Codex Alexandrinus*(알렉산드리아 사본) 역시 런던에 위치한 대영 도서관의 수집품들 중 일부이다. 주후 1627년에 알렉산드리아의 대주교 키릴로스 루카리스Kyrillos Loukaris가 이 사본을 영국 국왕 찰스 1세King Charles I에게 선물로 주었다.
- B 03 (주후 4세기). 이 사본은 바티칸 도서관the Vatican Apostolic Library에 보관되어 있기 때문에 주석학적 문헌들exegetical literature 내에서는 간단히 *바티카누스 코덱스Codex Vaticanus*(바티칸 사본)로 언급된다.
- C 04 (주후 5세기). 현재 이 사본은 파리에 위치한 프랑스 국립 도서관the National Library of France에 보관되어 있고 또한 시리아 교부 에프렘Ephrem(주후 약 306-73년)의 논문들을 담고 있다. 이 사본은 *에프라이미 레스트립투스 코덱스Codex Ephraemi rescriptus*(에프라임 [재생] 사본)라고 불린다. 왜냐하면 이 코덱스에 사용된 쪽들이 주후 5세기의 기독교 성경에서 취해져서, 원래의 잉크가 제거되고 난 후에, 책으로 다시 작성되어*rescriptus* 제본되었기 때문이다.

연습문제

a. 위의 부록 I 예시(42쪽)는 사본 B(03)의 내용을 "eap (vac. 1T-Phm; H 9,14-fin.)"으로 언급한다. 사본 B에서 어떤 문헌들이 소실되었는가(→ 해답)?

b. 부록 I. A: 헬라어 코덱스들은 다음과 같이 목록을 제시한다: 알파벳 철자 D와 함께 두 개의 다른 사본들(05, 06), E와 함께 두 개의 사본들(07, 08), H와 함께 세 개의 사본들(013, 014, 015), K와 함께 두 개(017, 018), L과 함께 두 개(019, 020) 그리고 P와 함께 두 개(024, 025). 이 경우들 각각은 서로 연관되지 않은 사본들에 대해 동일한 알파벳 철자들을 사용한다. 사도행전 1:1에 이문들이 제시되는 사본 D는 로마서 1:8에서 이문들이 제시되는 사본 D와는 다른 사본이다. 그럼에도 불구하고, 그 참조 부호는 정확히 일치한다. 왜 편집자들은 동일한 알파벳 철자를 다른 사본들을 지시하는데 사용할 수 있는 것일까(→ 해답)?

c. 사본 036의 표제항을 보라. 네 개의 세로 단들 모두의 정보를 해독하라. 그리고 그 정보를 완전한 문장들로 기술하라(→ 해답).

약어 목록

부록에 제공되는 재로들 중에 약어 목록이 특별히 유용하다(부록 IV: Signa et Abbreviationes[부호들과 약어들], 879-90). 이 목록은 이전의 네스틀레-알란트 판들에서보다 더욱 포괄적이다. 처음으로 영어뿐만 아니라 독일어 번역본들이 라틴어 용어들로 제공되며, 각각에 간단한 설명이 따라 나온다(885-90을 보라). 그러나 부호들과 약어들에 대한 보다 긴 설명들은 NA 28판의 서문에서 제공된다.

연습문제

a. 약어 목록에서 표제항 "sy^hmg"를 확인하라. 서론부의 몇 쪽에서 이 약어가 설명되고 있는가(→ 해답)?

b. 약어 목록에서 표제항 "v.l."을 확인하라. 서론부의 몇 쪽에서 이 약어가 설명되고 있는가(→ 해답)?

지도들 Maps

책의 양 겉표지들 안쪽에 컬러로 된 지도들이 있다. 앞쪽 겉표지 안쪽의 지도들은 구약 성경 및 신약 성경 시대의 팔레스타인을 보여준다. 뒤쪽 겉표지의 두 지도들은 구약 성경 시대의 중동 지역과 『사도행전』에 진술된 사도 바울의 여행을 설명해주는 주후 1세기의 지중해 지역을 그려준다.

5. 이문 평가하기

재구성된 "처음 본문"initial text은 본문란text line에 재생되었다. 그리고 이문들은 비평 장치에 등재되어 있다. 그러나 이 소형판concise edition의 형식을 간결하게 유지하기 위해 편집자들은 왜 특정한 읽기들이 비평 장치에 놓여야 하고 다른 것들은 본문란text line에 놓여야 하는지를 논의하지 않는다.

다음은 본문-비평학적 결정들을 형성하는 두 가지 일반 규칙들을 설명해 준다. 이 규칙들이 지금까지 고대로부터 기인한 본문들의 비평본들을 한번도 접해보지 못했던 독자들에게 첫 번째 예비 교육을 제공하기 위해 여기서 간단하게 설명될 것이다. 그러나 NA 28판의 본문을 구성하기 위해 사용된 방법은 보다 더 정밀하다. 소위 "일관성에 근거한 계보적 방법론" the Coherence-Based Genealogical Method(CBGM)가 수년의 기간을 거쳐 발전했다. 그리고 이 방법론은 '에디티오 크리티카 마이오르'*Editio Critica Maior*("대비평본")를 위한 방법론적 기초를 제공했다(121-123쪽을 보라).

"보다 짧은 읽기가 더 나은 읽기이다"('*렉티오 브레비오르*' *lectio brevior*)

문학적 본문들을 담고 있는 사본들은 상호 경쟁적인 읽기들을 결합시키려는 경향을 보인다. 편집자들과 필사자들이 본문 이문들을 인지하게 되었을 때, 그들은 보통 하나의 읽기를 다른 읽기보다 좋아하기 보다는 모든 읽기들을 보존하는 것을 선호했다. 두 개의 이문들은 종종 단순히 합쳐졌다.

예를 들어, 『누가복음』의 끝부분은 제자들이 예루살렘으로 돌아가는 것을 서술한다. 한 본문 전통은 "그들이 하나님을 축복하며 지속적으로 성전에 있었다"(눅 24:53[사역])고 전한다. "축복하며"에 대한 헬라어 단어는 '율로군떼스'(ευλογουντες. "축복하다")이다. 일부 사본들은 '율로군떼스'와 동의어인 '아이눈떼스'(αινουντες. "찬양하다")를 가지고 있다. 후대의 전통들은 번역자들에게 두 개의 동의어들을 연구할 기회를 남긴 채, 그 두 이문들 사이에 간단히 '까이'(και. "그리고")를 추가했다. 주후 1611년의 『킹 제임스 성경』은 이 융합된 읽기conflate reading를 가진 사본들에 기초했다. 그래서

『킹 제임스 성경』은 그 문장을 "그들이 하나님을 찬양하고 축복하며 지속적으로 성전에 있었다"(they were continually in the temple, praising and blessing God[사역])으로 번역했다.

하지만 이러한 전략이 항상 가능한 것은 아니었다. 일부 사본들의 열 두 제자들의 목록(마 10:3)은 다대오(θαδδαιος)를 열 번째 제자로 묘사한다; 그러나 다른 사본들은 그를 렙바이우스Lebbaeus(Λεββαιος)라고 명명한다. 두 이름 모두를 나열하는 것은 예수의 제자들을 열 세 명이라는 용납될 수 없는 숫자가 되게 한다. NA 28판의 비평 장치는 이 딜레마에 대해 여러 창조적인 해법들을 적어두었다: "다대오라고도 불리는 렙바이우스"(Λ. ο επικληθεις Θ.), "렙바이우스라도 불리는 다대오"(Θ. ο επικληθεις Λ.) 혹은 단지 "다대오기도 한 렙바이우스"(Λ. ο και Θ.). 『킹 제임스 성경』은 "별명이 다대오였던 렙바이우스"를 받아드리는데, 엄격하게 말하자면, 이는 어떤 이문들에도 기록되어 있지 않다.

두 개의 이문들이 종종 융합된 읽기로 조합된다는 관찰은 이 두 읽기들 중 단지 하나만 "처음 본문"initial text을 제시한다는 사실을 인정하는 것이다. 이 규칙에 대한 라틴어 표현인 '렉티오 브레비오르 포티오르'*lectio brevior potior*는 보다 짧은 읽기가 더 선호되는 읽기라는 것을 가리킨다.

융합된 읽기는 단지 성경 사본에서만 등장하는 것이 아니다. 오히려 고대의 문학적 본문의 사본 전승에서 전형적인 것이다. 어떤 점에서는 이 관습은 미래 독자 세대를 위해 알려져 있는 이문들을 보전하려는 관심을 표현해준다. 이 목적은 NA 28판의 편집자들과 공유되고 있다. 그러나 네스틀레-알란트 판은 이문들을 비평 장치에 기록하고 그것들을 (읽기) 본문에 포함시키지는 않는다.

비록 '렉티오 브레비오르'*lectio brevior* 규칙이 조합된 읽기들 중 하나가 보다 오래된 것임에 틀림없다고 주장할지라도 이것이 어떤 것이 오래된 읽기인지는 확정하지 않는다. 그 결정을 내리기 위해서는 두 번째 일반 규칙이 도움이 된다는 것을 증명할 것이다.

"더 어려운 읽기가 더 나은 읽기이다"('*렉티오 디피킬리오르*' *lectio difficilior*)

성경 번역본들이 개정될 때 여러 목적들 중의 하나는 그 언어를 현대적 용법으로 바꾸는 것이다. 오늘날의 독자들이 오래되고 구식이라고 생각하는 표현들, 구문들, 문장 형식들은 보다 친숙한 것들로 대체된다. 예를 들어, 주후 1611년 『킹 제임스 성경』의 초판의 신약 성경의 첫 문장은 "THE booke of the generation of Jesus Christ, the sonne of David, the sonne of Abraham"으로 되어 있다. 그러나 오늘날 서점에 있는 복사본은 "The book of the generation of Jesus Christ, the son of David, the son of Abraham"이라고 되어있다. 두 복사본들 모두 출판사에 의해 『킹 제임스 성경』이라고 불린다. 때때로 어떤 단어들의 긍정적이고 함축적인 의미들이 바뀔 것이다. 그리고 동일한 단어가 현재는 부정적인 편견을 포함하기도 한다.

헬라어는 지난 1,400년 동안 살아있는 언어였다. 그 기간 동안 신약 성경 본문은 손으로 필사되어 전수되었고, 헬라어는 오늘날 여전히 사용되고 있다. 편집자들은 어떤 본문을 의도적으로 보다 어렵게 만들려기 하기 보다는 보다 이해하기 쉽도록 만들려고 했을 것이다. 이 관찰은 어떤 고대 헬라어 본문의 사본 전통에 적용되며, 또한 두 번째 일반 규칙을 형성한다: 만약 경쟁하는 하나의 이문이 다른 이문보다 이해하기 더 어렵다면, 더 어려운 읽기가 선호되어야 한다. 이 규칙의 라틴어 표현은 '*렉티오 디피킬리오르 포티오르*'*lectio difficilior potior*이다.

일반적인 오해들Common Misconceptions

때때로 '*렉티오 브레비오르*'*lectio brevior* 규칙은 경쟁적인 이문들의 길이를 단순히 측정하고 최소한의 철자들을 가진 읽기를 선호하는 것으로 생각된다. 이는 심각한 오해일 것이다. 이 규칙은 단지 표면적으로 조합된 두 개의 읽기들에만 적용된다. 이상적으로 말하자면, 두 읽기 모두 그 사본 전통에 반영되고 있다. 그러나 많은 경우 단지 융합된 본문conflation 그리고 두 개의 읽기들 중 하나만 살아남는다. 다른 경우, 단지 융합된 본문만이 문서화된다. 그래서 주석가들은 살아남은 증거로부터 두 개의 보다 오래된 이문들을 추론해야할 것이다.

사본 전통에서는 일반적인 편집자의 삽입들에 관한 한(예. 막 16:8 혹은 롬 14:23의 뒤), 보다 짧은 본문에 대한 논의는 종종 '*렉티오 디피킬리오르*'*lectio difficilior* 원리를 통해 강화된다.

또 다른 오해는 보다 이른 연대를 가진 사본이 더 나은 본문을 보장한다는 주장이다. 확실히, 그 반대가 진실인 경우가 종종 있다. 일부 가장 오래된 파피루스들은 단지 그것들이 불필요해 버려졌기 때문에 살아남았다. 더 나아가, 첫 번째 복사본the first copy은 후대의 연대의 복사본처럼 필사자들의 실수들을 전하고 있을 동일한 가능성을 가지고 있기도 하다.

어떤 사본이 메쥐스쿨("대문자 사본") 혹은 미뉘스쿨("소문자 사본")으로 기록되었는지 혹은 그것이 파피루스 혹은 양피지에 기록되었는지는 중요한 문제로 남아있다. NA 28판 자체가 이 점을 설명하기에 좋은 예이다: NA 28판은 종이에 인쇄되었다; 그것은 대문자와 소문자를 사용한다. 그것은 신약성경의 가장 최신 판본들 중에 속한다. 그럼에도 불구하고, 편집자들은 그들의 편집본이 신약 성경의 회복시킬 수 있는 가장 오래된 본문을 보전하고 또한 그것이 어떤 단일한 사본 혹은 네스틀레-알란트 27판을 포함한 보다 오래된 그 어떤 인쇄본보다 더 낫다고 주장할 것이다.

6. 결론적 질문들

책의 다음 부분을 사용하기 전에 다음의 질문들에 확실히 답할 수 있도록 하라.

a. 본문 증거들이 어떻게 비평 장치에 배열되어 있는가(→해답)?

b. 비평 장치에 사용된 약어들을 NA 28판이 어디서 설명하고 있는가(→해답)?

c. 우리는 헬라어 사본들에 대한 정보를 NA 28판의 어디에서 찾을 수 있는가(→해답)?

d. 원래 구약 성경 및 신약 성경 전체를 담고 있는 가장 오래된 네 개의 사본들은 무엇인가? 그것들의 연대에 대한 학자들의 합의는 무엇인가? 그것들이 오늘날 어디에 보관되어 있는가(→해답)?

II. 연습 문제들과 학습 도우미

1. NA 28판 서문에 대한 질문들
2. "다수 본문"Majority Text(M)란 무엇인가?
3. 공동 서신의 본문
4. 적극적 비평 장치와 소극적 비평 장치
5. 초기 번역들
6. 신약 성경으로부터의 초기 인용구들
7. 에우세비오스의 복음서 대조표
8. 부록 I B: 라틴어 코덱스들
9. 부록 II: 다양한 사소한 읽기들

이 설명서의 두 번째 부분은 표준적인 자료들의 도움으로 신약 성경의 헬라어 본문을 번역할 수 있는 사용자들을 위한 것이다. 이 단락의 목적은 NA 28판에 대한 이러한 독자들의 기본 이해를 심화시키고 학문적 사용을 위한 실용적인 기술들을 발전시키는데 도움을 주는 것이다.

사용자들을 위해 처음의 그리고 가장 중요한 단계는 편집자들에 의해 주어진 서론에 익숙해지는 것이다.

1. NA 28판 서문에 대한 질문들

이 판의 머리말(vii-viii; 『한국어 서문판』, vi-vii)과 서론(46*-88*; 『한국어 서문판』, 1*-63*)은 풍부한 정보를 담고 있다. 나는 관계된 질문들에 대해 답을 주도록 시도하기 전에 독자가 우선 부제들subheadings로 지시된 각 단락을 통해 작업할 것을 추천한다. 괄호 안의 숫자는 관련된 쪽을 언급한다. 게다가 이 모든 질문들에 대한 정답은 이 책의 마지막에서 발견할 수 있을 것이다.

머리말(vii–viii; 『한국어 서문판』, vi–vii)

a. 신약 성경의 대다수 문헌들에 있어서, NA 28판의 편집자들은 27판의 본문을 변경 없이 채택했다. 그러나 편집자들은 신약 성경의 한 부분에서 본문 변경들text changes을 도

입했다. 어떤 문헌들이 영향을 받았는가?(vii; 『한국어 서문판』, vi).

b. 참고 자료들을 위한 난외의 비평란marginal apparatus이 NA 28판 전체적으로 개정되었는가 아니면 단지 부분적으로만 개정되었는가?(vii; 『한국어 서문판』, vii)

판본의 역사에 대해(46*–53*; 『한국어 서문판』, 1*–11*)

a. 편집자들이 비평 장치를 개정했을 때 어떤 두 가지 과업을 성취하려고 시도했는가?(48*; 『한국어 서문판』, 4*)

b. 편집자들은 왜 공동 서신 본문에 여러 변경들을 가했는가?(48*; 『한국어 서문판』, 4*-5*)

c. 얼마나 자주 공동 서신의 본문이 27판 본문에서 변경되었는가?(50*-51*; 『한국어 서문판』, 8*)

d. 공동 서신 내에서 마름모꼴(◆)가 비평 기호로 사용되고 있다. 이 기호는 무엇을 가리키는가?(51*; 『한국어 서문판』, 9*)

e. 비평 장치에서 부호 𝔐는 "다수 본문"Majority Text을 언급한다. 그러나 공동 서신의 비평 장치에서는 사용되지 않는

다. 대신, 신약 성경의 편집사를 보다 정확하게 묘사하는 새로운 약어가 소개된다. 어떤 약어인가?

비평본의 본문(54*–55*; 『한국어 서문판』, 11*–12*)

a. NA 28판의 편집자들은 비평 본문에서 절충 본문을 제공한다. 그러한 본문이 어떻게 제작되었는가?(54*; 『한국어 서문판』, 11*)

b. 여러 이문들 중 어떤 것이 가장 오래된 것인지를 분별하는 "외적" 기준과 "내적" 기준은 무엇인가?(54*; 『한국어 서문판』, 11*)

c. 편집자들이 공동 서신에 적용했던 방법론의 이름은 무엇인가?(54*; 『한국어 서문판』, 11*)

d. 꺽쇠 괄호 [...]는 무엇을 가리키며, 왜 그것들이 공동 서신에 대해서는 사용되지 않았는가?(54*; 『한국어 서문판』, 12*)

e. 이중 꺽쇠 괄호 [[...]]는 무엇을 가리키는가?(55*; 『한국어 서문판』, 12*)

f. 구약 성경으로부터의 인용구들은 어떻게 인쇄되어 있는가?(55*; 『한국어 서문판』, 11*)

비평 장치(55*–81*; 『한국어 서문판』, 13*–53*)

a. "적극적" 비평 장치"positive" apparatus와 "소극적" 비평 장치"negative" apparatus 사이의 차이는 무엇인가?(55*-56*; 『한국어 서문판』, 13*-14*)

b. 어깨 부호 콜론(:)은 무엇을 가리키는가?(57*; 『한국어 서문판』, 16*)

c. 부호 ⸂...⸃는 언제 사용되는가?(57*; 『한국어 서문판』, 16*)

d. 부호 ⸆의 기능은 무엇인가?(57*; 『한국어 서문판』, 17*)

e. 괄호 (...) 안에 나열된 헬라어 증거들의 이문들이 어디에서 인용되고 있나?(58*; 『한국어 서문판』, 18*)

f. 어떤 종류의 이문이 꺽쇠 괄호 [...] 안에 표기되는가?(58*; 『한국어 서문판』, 20*)

g. 신약 성경의 오래된 번역들(즉, 역본들)은 비평 장치에서 항상 같은 순서로 나열된다. 가장 먼저 언급되는 세 개의 역본들은 무엇인가?(67*; 『한국어 서문판』, 32*-33*)

h. B*의 별 모양처럼, 때때로 어깨 기호가 한 사본 부호 뒤에 바로 따로 나온다. 이러한 기호들 중 적어도 세 가지의 이름을 말하고 그것들의 기능을 설명하라.(58*-59*; 『한국어 서문판』, 20*-21*)

i. 약어 𝔐, pm 및 Byz가 언제 적용되는지를 설명하라.(59*-60*; 『한국어 서문판』, 22*-23*)

j. "p)" 표시는 무엇을 가리키는가?(61*; 『한국어 서문판』, 24*)

k. 편집자들은 비평 장치에서의 언급 횟수에 기초해 헬라어 사본을 세 그룹으로 구분한다. 이 세 그룹들에 대해 사용되는 전문 용어들은 무엇인가?(61*; 『한국어 서문판』, 25*-26*)

l. 미뉘스쿨("소문자 사본")들의 두 그룹이 "[본문] 가계"families"로 조합된다. 이 두 [본문] 가계를 나타내는 사용된 부호는 무엇인가?(62*; 『한국어 서문판』, 27*)

m. "다수 본문"의 두 개의 판이 『요한 계시록』의 본문에서 확인된다. 어떤 두 개의 약어가 이 두 판들에 대해 활용되는가?(66*-67*; 『한국어 서문판』, 32*)

n. 편집자들은 세 개의 고대 번역본들의 이문들을 언급하는데 강조점을 둔다. 어떤 것들인가?(67*; 『한국어 서문판』, 32*)

o. 라틴어 역본에 있어서 증거들의 어떤 두 그룹들이 구별될 수 있는가?(68*; 『한국어 서문판』, 34*)

p. 『구 라틴어 역』*Old Latin*의 증거들은 네스틀레-알란트의 이전 판본들에서 소문자로 표기되었다(예. a, aur, gig). 그러나 경쟁적 시스템competing system이 하나의 숫자를 하나의 사본에 돌리는 주석적 작품exegetical literature에서 사용된다.

어디서 두 시스템 모두를 열거하는 도표를 찾을 수 있는가?(69*; 『한국어 서문판』, 35*)

q. 초대 기독교 문헌들에서의 언급들citations에 대한 참고 문헌들은 NA 28판에서 매우 선별적으로 나열되었다. 언제 그것들이 표기되는가?(78*; 『한국어 서문판』, 48*-49*)

바깥 난외주 및 안쪽 난외주의 표시들(82*-86*; 「한국어 서문판」, 54*-61*)

a. 세 가지 범주의 참고 문헌들이 바깥 난외주(즉, 홀수 쪽에는 오른쪽 난외주, 짝수 쪽에는 왼쪽 난외주)에 추가되어있다. 그것들은 무엇인가?(82*; 『한국어 서문판』, 54*-55*)

b. [[공관복음서의 기원과 관련하여 논의되는]] 두 자료 가설Two Source Theory에 근거해 『마태복음』과 『누가복음』 사이의 병행구들은 『마가복음』 혹은 Q에서 기인한 것으로 구분된다. 편집자들은 서로 다른 이 의존 상태를 어떻게 표시하고 있는가?(82*; 『한국어 서문판』, 54*-55*)

c. 약어 "(A)"는 무엇을 가리키는가?(83*; 『한국어 서문판』, 55*)

d. 다음의 문헌들이 어떤 약어로 표시되었는가: 『마태복음』, 『로마서』, 『고린도전서』, 『히브리서』, 『사도행전』, 『요한 계

시록』?(84*; 『한국어 서문판』, 58*)

e. 안쪽 난외주(즉, 홀수 쪽에는 왼쪽 난외주, 짝수 쪽에는 오른쪽 난외주)에서, 때때로 이탤릭체로 된 숫자들이 나열된다(예. 요 2:1; 롬 1:18). 이 숫자들은 무엇을 가리키는가?(85*; 『한국어 서문판』, 59*)

f. 에우세비오스의 단락 구분 및 복음서 대조표는 신약 성경의 어떤 문헌들에 적용되는가?(85*; 『한국어 서문판』, 59*-60*)

g. 안쪽 난외주에 나열된 에우세비오스의 단락 구분 및 복음서 대조표는 어떤 형태를 가지고 있는가?(85*; 『한국어 서문판』, 60*)

h. 누가복음 3:16에서처럼 별표(*)가 본문란text line에 사용될 때 별표는 무엇을 가리키는가?(85*; 『한국어 서문판』, 60*)

부록들Appendices(86*–88*; 『한국어 서문판』, 61*–63*)

a. *P24에서처럼, 부록의 헬라어 사본 약어에 앞서 나오는 별표(*)는 무엇을 의미하는가?(86*; 『한국어 서문판』, 61*)

b. 소문자 e a p r은 무엇을 의미하는가?(86*; ; 『한국어 서문판』, 61*)

c. 왜 약어 “act”(『사도행전』) 및 “cath”(공동서신)가 간헐적으로 사용되는가?(86*; 『한국어 서문판』, 61*)

d. 부록 II에는 어떤 종류의 이문이 나열되어 있는가?(87*; 『한국어 서문판』, 62*-63*)

e. 부록 III은 구약 성경, 외경 및 기독교 외의 헬라 저자들로부터의 인용들과 암시들을 목록화 한다. 왜 일부 참고 문헌들이 이탤릭체로 인쇄되어 있는가?(87*; 『한국어 서문판』, 63*)

f. 라틴어 약어들은 NA 28판의 어디서 설명되고 있나?(88*; 『한국어 서문판』, 63*)

2. "다수 본문"(𝔐)이란 무엇인가?

"다수 본문"(𝔐)이라는 용어는 어떤 본문에 대한 이문a text variant의 빈도수에 대해 말하는 것이다. 모든 이문들이 나열될 때, 해당 본문의 특정한 부분에서 사본들의 압도적인 다수가 동일한 이문을 갖게 될 것은 사실이다. 이 현상이 어떻게 설명될 수 있을까?

다음의 예는 이 관찰에 대해 일단의 빛을 비춰줄 것이다. 신약 성경의 New Revised Standard Version(NRSV)의 한 복사본은 자구(字句)에서 동일한 영어 번역을 담고 있을 것이다. NRSV는 많은 다른 형태들, 예를 들어, 양장본, 종이 표지, 학습용 성경의 일부 및 다양한 전자 형태들로 수십 년 동안 판매되었다. 그럼에도 불구하고, 이 판본들의 각각의 본문은 일치한다. 그 이유 때문에, 영어 번역본들의 비평 장치는 NRSV의 본문을 단일한 약어로 참조할 것이다.

사본으로 돌아올 때, 그 상황이 그렇게 다르지 않다. 비록 손으로 작성된 복사본들은 전수 과정 동안 인쇄된 복사본들보다 더 많은 본문 이문들을 생산해 낼 것일지라도, 만약 연구자들이 필사자가 한 표본을 재생 하려고 시도만 했고, 그/그녀가 복사하려고 시도했던 그 표본이 여전히 존재하고 있다는 것을 안다면, 단지 원본만 참조하는 것으로도 충분하다.

그렇게 많은 사본들이 동일한 본문을 제시하는 주요 이유는 살아남은 대다수의 사본들이 상대적으로 늦은 시기와 지리적으로 제한된 지역에서 기인했다는 점이다. 대다수의 신약 성경 사본은 더 이상 헬라어가 국제 통용어로 사용되지 않았으나 비잔틴 교회가 그들의 예배 모임에서 사용된 헬라어 성경 판들을 개정하고 통제할 수 있었던 중세 후기에 만들어진 것이다. 영어를 사용하는 독자들에게 있어서 『킹 제임스 성경』과 유사하게, 헬라어성경은 집중적으로 개정되고 승인된 판들이 생산되었다. 그러므로 특정한 비잔틴 판specific Byzantine edition을 나타내는 사본들은 단일한 약어로 될 수 있다.

다른 한 편, 이 비잔틴 판들은 분명히 고대 전통을 보존하고 있다. 비잔틴 시대의 편집자들이 그 읽기들을 고안해 냈다고 추정하는 것은 심각한 오해일 것이다. 비록 편집 과정이 중세에 진행됐지만, 편집자들이 대면하고 문서화했던 이문들은 고대에 기원했을 것이다. 그러므로 우리에게 비잔틴 사본들을 통해서만 알려진 읽기들은 무시되어서는 안 된다.

헬라어 성경 판본들의 역사에 대한 최근의 연구에 경의를 표하려는 시도에서 '*에디티오 크리티카 마이오르*'*Editio Critica Maior*("대비평본")의 편집자들은 "다수 본문"(𝔐)이라는 명칭을 멀리했다. 대신, 그들은 보다 정확한 비잔틴계 본문Byzantine text(Byz)이라는 용어를 적용한다. 이 용어는 또한 "다수"“majority”라는 용어를 질적 평가로 보는 있을 법한 오해를 제거한다. 명백히, 특정한 본문 이문이 다른 이문들보다 보다 종종 문서화된다는 사실이 이 읽기가 "처음 본문"을 나타낸다는 것을 필연적으로 가리키지는 않는다. 사본들의 숫자는 한 이문의 질(質)에 대한 판정 기준을 확립하지 않는다.

3. 공동 서신의 본문

처음부터(머리말, vii; 『한국어 서문판』, vi) 편집자들은 NA 28판의 독자들에게 그들 자신이 다른 문헌들보다 공동 서신의 본문과 비평 장치를 다르게 접근하고 있었다는 것을 깨닫게 했다. 본문 이문들과 본문 전통들에 대한 연구는 '*에디티오 크리티카 마이오르*'("대비평본", ECM)에서 행해진 노력 때문에 다른 문헌들에서 보다 공동 서신에 대해 더욱 진전을 보았다. 이 새로운 결과물에 NA 28판의 독자들도 접근할 수 있도록 만들기 위해 어느 정도의 불일치는 피할 수 없었다. 이러한 정보가 이용 가능해 지면 지체없이 네스틀레-알란트의 향후 비평본들은 신약 성경의 다른 문헌들에 대해서 동일한 편집적 혁신을 반영하게 될 것이다.

편집자들은 또한 새로운 비평 부호, 마름모꼴(◆)을 소개한다. 이 부호는 한 읽기가 읽기 본문에 들어가야 하는지 아니면 비평 장치에 들어가야 하는지에 대한 결정이 원했던 확실성으로 도달되지 못한 본문의 이문들을 가리킨다. 예를 들어, 야고보서 1:22는 그 "처음 본문"이 '모논 아끄로아따이'(μονον ακροαται) 혹은 '아끄로아따이 모논'(ακροαται μονον)인지를 미해결 상태로 둔다. 읽기 본문의 비평적 참고부호는 다음과 같다: ◆⸉μονον ακροαται⸊. 신약 성경의 다른 문헌들에서 유사한 경우에 사용된 꺽쇠 괄호 [...]는 공동서신 내에서는 사용되지 않는다.

앞에서 언급되었듯이, "다수 본문"(𝔐)의 약어는 더 이상 공동 서신에서 사용되지 않는다. 대신 새롭고 역사적으로 보다 정확한 부호인 "Byz"가 표준화된 비잔틴계 판들의 본문을 나타내기 위해 소개된다. "Byz"에 어떤 사본들이 속해있는지에 대한 구별은 문헌마다 다양하다. 그것들이 NA 28판에서 목록화 되지는 않는다. 이에 대한 정보를 위해, ECM의 도움을 받아야 한다(§ 2.2.2, "공동 서신의 '늘 언급되는 증거들'을 규정하기" 8*를 보라. 『한국어 서문판』, 9*).

연습문제

3 **17** Ὑμεῖς δέ, ἀγαπητοί, ⸀μνήσθητε τῶν ◆⸂ῥημάτων τῶν 2P 3,2
προειρημένων⸃ ὑπὸ τῶν ἀποστόλων τοῦ κυρίου ἡμῶν Ἰη-
σοῦ Χριστοῦ **18** ὅτι ἔλεγον ὑμῖν ◆ ⸆ ⸂ἐπ᾽ ἐσχάτου χρόνου⸃ 2P 3,3 2T 3,1!
⸀ἔσονται ἐμπαῖκται κατὰ τὰς ἑαυτῶν ἐπιθυμίας πορευ- Is 3,4 𝔊 · 16
όμενοι τῶν ἀσεβειῶν. **19** Οὗτοί εἰσιν οἱ ἀποδιορίζοντες⸆,
ψυχικοί, πνεῦμα μὴ ἔχοντες. Jc 3,15!
20 Ὑμεῖς δέ, ἀγαπητοί, ⸂ἐποικοδομοῦντες ἑαυτοὺς τῇ Kol 2,7!
ἁγιωτάτῃ ὑμῶν πίστει⸃, ἐν πνεύματι ἁγίῳ προσευχόμε- E 6,18
νοι⸆, **21** ἑαυτοὺς ἐν ἀγάπῃ θεοῦ ⸀τηρήσατε προσδεχόμε-
νοι τὸ ἔλεος τοῦ κυρίου ⸂ἡμῶν Ἰησοῦ Χριστοῦ εἰς ζωὴν⸃ 2T 1,18
αἰώνιον. **22** °καὶ οὓς μὲν ⸂ἐλεᾶτε διακρινομένους⸃,
23 ⸂οὓς δὲ σῴζετε ἐκ πυρὸς ἁρπάζοντες, οὓς δὲ ἐλεᾶτε Am 4,11 Zch 3,2

16 □𝔓^{72*} | ⸀αυτων א A B* Ψ 5. 33. 81. 88. 307. 1611. 1735. 2344 • **17** ⸀μνημονευετε 1739 | ⸂◆ προειρημενων ρηματων A 1448. 1611. 1739 sy; Lcf • **18** ⸆◆ οτι 𝔓^{72} A C P 5. 33. 81. 88. 307. 436. 442. 642. 1175. 1243. 1448. 1611. 1735. 1739. 1852. 2492 Byz vg sy ¦ *txt* א B Ψ 2344; Lcf | ⸂επ εσχατου του χρονου א A 33. 436. 1611. 1852 sy$^{ph\ ms.h?}$ ¦ επ εσχατων των χρονων 442. 2344 bo^{mss} ¦ εν εσχατω (+ τω P) χρονω P 88. 642. 1175. 1448^{vid}. 2492 Byz ¦ επ εσχατου των χρονων 81. 307. 1739 (vg^{s}) sy$^{ph\ mss}$ co ¦ επ εσχατων του χρονου 1735 ¦ *txt* 𝔓^{72} B C Ψ 5. 1243 sy$^{ph\ ms.h?}$ | ⸀ελευσονται א^{2} A C^{2} 5. 33. 81. 307. 436. 1735. 1739. 2344 vg co ¦ αναστησονται Ψ ¦ *txt* 𝔓^{72} א* B C* P 88. 442. 642. 1175. 1243. 1448^{vid}. 1611. 1852. 2492 Byz • **19** ⸆εαυτους C 5. 88. 642. 1243. 1611. 1739^{c}

NA 28판, 『유다서』(733).

a. 유다서 18에서 편집자들은 마름모꼴(◆)을 사용한다. 그 비평 부호는 어떤 이문을 가리키며, 어떤 본문 증거들이 나열되고 있는가(→해답)?

b. 마름모꼴(◆)은 단지 공동 서신에서만 사용된다. 만약 이 이문이 공동 서신을 제외한 부분에서 나타난다면 편집자들은 이 이문을 어떻게 표기하는가(→해답)?

4. 적극적 비평 장치와 소극적 비평 장치

유다서 18절에서, 본문란을 지지하는 증거들뿐만 아니라, 비평 장치에 있는 이문들에 대한 본문 증거들이 나열되어 있다. 그것들은 "¦ txt." 이와 같은 표제항들은 "적극적" 비평 장치라고 불린다(55*; 『한국어 서문판』, 13*). 그러나 다른 경우들에 있어서 단지 비평 장치에 있는 이문을 제공하는 이 증거들만이 표시된다. 그리고 어떤 사본들이 본문란의 이문을 지지하는지를 결정하는 것을 독자들의 책임이다. 이러한 표제항들은 "소극적" 비평 장치로 언급된다(56*; 『한국어 서문판』, 13*). 소극적 비평 장치의 경우, 재구성된 "처음 본문"을 지지하는 증거들을 결정하기 위해 세 가지 단계들이 요구된다.

1. 서문에서 각각의 문헌에 대해 목록화 된 "늘 언급되는 증거들"을 확인하라(61*-67*; 『한국어 서문판』, 26*-32*).
2. 늘 언급되는 모든 증거들이 그 본문 구절을 담고 있는지

를 확인하고, 그렇지 않은 것들을 배제하라. 이 정보는 부록 I, 네 번째 세로 단(cont.)에서 발견할 수 있다.

3. 마지막으로, 비평 장치에 언급된 이문을 제공하는 증거들을 배제하라.

이 방법은 본문란에 있는 이문을 지지하는 사본들의 목록을 독자들에게 남겨줄 것이다. 그러나 하나의 경고 사항이 있다. 그 사본의 특정 쪽이 일단의 경미한 손상을 입었다면, 독자들은 이 사항을 알게 되지 못할 것이다. 왜냐하면 부록 I에는 주요한 공백들major lacunae만 언급되어 있기 때문이다(56*; 『한국어 서문판』, 14*).

연습문제

a. 유다서 17에서, 비평 장치는 이문을 '레마똔 똔 쁘로에이레메논'(ῥημάτων τῶν προειρημένων["앞서 말해진 말씀들의"])라고 표시한다. 어떤 헬라어 사본들이 이 이문을 지지하는가(→해답)?

b. 마태복음 주기도문의 마지막 부분에 해당하는 6:13에 있

는 비평 부호 ⸆는 일부 사본들이 추가된 본문을 가지고 있음을 지시한다. 『킹 제임스 성경』은 다음과 같은 송영doxology을 제공한다: "그러므로 나라와 능력과 영광이 영원토록 당신의 것입니다. 아멘"For thine is the kingdom, and the power, and the glory, for ever. Amen. 어떤 사본들이 이 읽기를 지지하는가(→해답)?

c. 마태복음 6:13의 송영을 후대의 추가로 취급하는 편집자들의 결정을 고려해보라. 본문 비평의 어떤 일반 규칙이 이 결정을 지지하는가(→해답)?

d. 누가복음 4:43은 대한 비평 장치는 어순에 있어서 이문을 지시한다. '메 데이'(με δεῖ) 대신, 다음의 증거들은 '데이 메'(δεῖ με)를 가지고 있다: B (D) W 892. 표시법(D)에서 괄호는 무엇을 가리키는가? D의 정확한 읽기는 무엇인가? 독자는 답을 찾기 위해 어떻게 진행해야 하는가(→해답)?

e. 다음의 증거들은 『요한복음』의 제목을 '유앙겔리온 까따 이오안넨'(ευαγγελιον κατα Ιωαννην)으로 전달한다: C Δ 1424 K W^{S} Θ (A) 565 vg^{ww} Ψ f^{1} 33 L 700 D 892 $\mathfrak{P}^{75}$ 1241 $\mathfrak{P}^{66}$ 𝔐. 이 증거들을 NA 28판에 나열된 것처럼 순서대로 배열하라. 과제를 다했을 때, 해답을 비평본(292)과 비교해 보라(→해답).

5. 초기 역본들

헬라어 신약 성경의 몇몇 초기 역본들 중 여러 개가 고대로부터 남겨져 있다. 그 번역자들은 우리가 가지고 있는 최고의 사본들과 같은 동일한 질(質)의 헬라어 본문에 접근했을 것이기 때문에, 초기 역본들은 중요하다.

그러나 NA 28판의 편집자들은 매우 신중했고, 그 읽기들이 헬라어 본문의 읽기를 반영하고 또한 번역 과정 중에 만들어지지 않았다는 강력한 논거가 있을 수 있는 것들만 표기해두었다(67*-68*; 『한국어 서문판』, 32*-33*). 특별히 세개의 언어가 강조되었다. 라틴어Latin, 시리아어Syriac, 콥트어Coptic. 아르메니아어Armenian, 게오르기아어Georgian, 고트어Gothic, 이디오피아어Ethiopic 및 고대 교회 슬라브어Old Church Slavonic 번역본들의 읽기는 일반적으로 고려되지 않았다.

NA 28판의 사용자들은 비평 장치에서 초기 역본들의 이문들이 철저하게 참고되지 않고 있다고 말하는 점에 대해 잘 이해하는 것이 중요하다. 일반적으로 초기 역본들로부터 참조된 읽기는 그것들이 헬라어 사본에서 발견되는 이문들을 지지할 때만 열거된다. 그러므로 NA 28판에서 발견되는 정보를 활용하여 번역본의 본문 형태를 재구성하는 것은 불가능한 일로 남아있다. 그러한 정보를 제공하는 것은 소형판의 범위 밖의 일이다.

다른 한편, 만약 한 역본으로부터의 이문이 언급된다면, 사용자들은 편집자들이 이 이문이 고대 헬라어 사본의 읽기를 제공하고 있고 또한 결과적으로 그 이문은 "처음 본문"의 재구성을 위해 여타 헬라어 사본과 같은 동일한 가치를 가지고 있다고 믿고 있음을 깨달아야 한다.

6. 신약 성경으로부터의 초기 인용구들

고대 작품들에서 발견되는 신약 성경 인용구들은 초기 사본들의 본문에 대해 소중한 통찰력들을 제공할 수 있다. 하지만 이러한 언급들을 가지고 작업하는 것은 도전적인 일인데, 그 이유는 암시들과 직접 인용들을 구분하는 것이 종종 어려울 뿐만 아니라, 초기 기독교 저자들의 문헌들을 필사한 후대의 필사자들이 자신들에게 친숙하지 않은 인용구들을 그들이 속한 동시대의 성경에서 발견되는 인용구들로 종종 대체했기 때문이다. NA 28판의 편집자들은 주의해서 "그것들[s.c. 초기 인용구들]이 인용된 사본들의 본문에 대한 신뢰할 만한 증거들로 간주될 수 있을 경우에만" 그러한 언급들을 기록하기로 결정했다(78*; 『한국어 서문판』, 48*-49*).

그러한 증거들에 대해 전통적으로 사용되는 "교부"church fathers라는 표현이 항상 적절한 것만은 아니다. 일부 무명의 혹은 위조된 문헌들(예. 암브로시우스Ambrosius [주후 333/39-397년]

의 생애 기간 동안 그의 이름으로 위조된 바울 서신에 대한 주석인 암브로시아스테르Ambrosiaster[주후 4세기])이 한 여인(혹은 교회?a church mother?)에 의해 작성되었던 것 같고 또한 가장 가치 있는 자료들 중 일부는 보편 교회catholic church의 지지자들이 아닌, 그들의 비판자들(예. 마르키온Marcion[주후 약 160년 경 사망], 펠라기우스Pelagius[주후 350/54-418년 이후], 프톨레마이오스Ptolemy[주후 약 180년 경 사망])에서 기인했다. "교부들을 위한 약어" 목록(80*; 『한국어 서문판』, 51*)에 제시된 연대들은 최초의 예비 교육을 돕는 것이다. 연도가 언급되는 것은 때때로 저자의 생애와 관련이 있기도 하고, 때때로 특정 문헌의 출판 연도와 관련되기도 한다. 이 부분에서 연습할 때에는 주의가 요구된다. 예를 들어, "Ir^arm^"(이레나이오스Irenaeus[주후 130/40-200/202년]의 문헌들의 아르메니아어 판)은 주후 4-5세기이다. 그러나 이레나이오스 그 자신("Ir")은 주후 2세기 사람이다(80*; 『한국어 서문판』, 52*). 비록 아르메니아어 번역이 저자가 죽은 이후 수세기 후에 이뤄졌지만, 그 번역은 확실히 이레나이오스의 문헌들에 기초했고, 또한 주후 2세기의 신약 성경 본문의 이문을 보존하고 있을 것이다.

7. 에우세비오스의 복음서 대조표들Canon Tables

신약 성경의 사 복음서들은 수많은 병행구들을 제시한다. 가이사랴의 에우세비오스가 주후 4세기에 발전시킨 복음서 대조표들은 그러한 병행 전통들을 빠르게 확인하기 위한 도구이다. 소위 복음서 대조표는 많은 복음서 사본들과 NA 28판에서도 언급된다. 헬라어 신약 성경을 가지고 작업함에 있어서 그것들의 가치는 종종 평가절하 된다.

에우세비오스는 자신의 체계를 『까르뻬아누스에게 보내는 편지』*Eusebii Epistula ad Carpianum*에서 소개하는데, 이는 NA 28에서 헬라어로 제공된다(89*-90*; 『한국어 서문판』, 64*-65*). 가장 중요한 본문은 다음과 같다(1-2 및 13-30줄):

> 에우세비오스가 주안에서 사랑하는 형제인 까르뻬아누스에게 문안한다.
>
> 내가 당신을 위해 열 개의 도표들을 함께 모아 놓는다. 첫째 도표는 사 복음서들 모두, 즉 『마태복음』, 『마가복음』, 『누가복

> 음』 및 『요한복음』에 있는 병형구들을 언급하는 숫자들을 담고 있다. 두 번째 도표는 『마태복음』, 『마가복음』 및 『누가복음』에서의 병형구들을 서로 연관시킨다.… 다섯 번째는 『마태복음』과 『누가복음』에서의 병행구들을 서로 연관 시킨다. [그리고]… 열 번째는 단지 하나의 복음서에만 있는 본문 구절들을 표시한다.
>
> 이것이 도표들의 구조이다. 그것들은 다음의 방식으로 최고로 잘 사용될 수 있다: 사 복음서들 본문 내에서는 각 복음서의 처음부터 끝까지의 단락들이 계수된 수자들이 추가되었다; 각 책의 첫 부분에서 그것들은 숫자 일, 이, 삼으로 하여 숫자들이 책의 마지막 부분에 이른다. 각 숫자 옆에 열 개의 도표들 중 하나를 지식하는 추가적인 숫자가 붉은 색 잉크로 적혀있다.

다른 색들을 적용하는 대신, NA 28판의 편집자들은 두 개의 숫자들을 다층(多層)식으로 인쇄했다. 위의 아라비아 숫자는 구절을 알아보게 하고, 아래의 로마 숫자는 도표, 즉 소위 복음서 대조표를 알아보게 한다.

예를 들어, 마가복음 13:1의 안쪽 난외주의 숫자 $\frac{137}{\text{II}}$는 『마가복음』 본문이 137번째 단락에 이르렀다는 것을 가리킨다. 그리고 다음 단락이 숫자 138은 마가복음 13:3으로 시작하기 때문에 숫자 137은 마가복음 13:1-2를 지시하는 것이다. 아래에 위치한 로마 숫자 II는 복음서 대조표 II를 언급한다.

정경 대조표 II는 91*(『한국어 서문판』, 66*) "CANON II, IN QUO TRES"("복음서 대조표 II, 세 복음서 병행")에 인쇄되어 있다. 그리고 그것은 세 개의 공관복음인, 『마태복음』, 『마가복음』 및 『누가복음』의 병행들을 표에 싣고 있다.

연습문제

a. 에우세비오스의 복음서 대조표들을 사용할 때, 마가복음 13:1-2에 대한 어떤 병행구가 『마태복음』에 언급되는가(→해답)?

b. 에우세비오스의 복음서 대조표들을 사용할 때, 『누가복음』의 어떤 병행구들이 동일한 단락에 대해 언급되는가(→해답)?

세 개의 복음서 대조표들은 특별히 도움이 된다. 두 자료 가설의 정황에서, 첫 세 복음서들의 병행구들은 복음서 대조표 II에 실려 있다. 『마가복음』에는 문서화되어 있지 않아 전형적으로 Q 자료로 돌려지는 『마태복음』과 『누가복음』 사이의 병행구들은 복음서 대조표 V에 실려 있다.

그러나 편집 비평적 접근redaction-critical approaches의 정황에서는, 단지 한 복음서에서 발견되는 구절이 특별한 관심의 대상이다. 이러한 단락들은 복음서 대조표 X에 실려 있다.

마지막으로, 『요한복음』을 해석하게 될 때, 첫 세 복음서들로부터 알려지고 또한 종종 놀라운 전개로 재진술 되는 그 단락들은 특별한 매력을 지니게 된다. 그러한 단락들이 복음서 대조표 I에 실려 있다. 복음서 대조표 III은 『요한복음』과 Q 사이의 병행구들이 실려 있다.

연습문제

c. 두 자료 가설들의 정황에서 마태복음 8장은 『마가복음』으로부터의 구절을 Q로부터의 구절들과 합친 것처럼 보인다. 에우세비오스의 복음서 대조표를 사용할 때, 어떤 자료가 『마가복음』에서 가능하고, 어떤 것이 Q에서 가능하며, 또한 어떤 구절들이 『마태복음』에 기원을 두는가(→해답)?

8. 부록 I B: 라틴어 코덱스들Codices Latini

부록 I에서 헬라어 사본들을 설명하는데(본서 43쪽 이하를 보라) 사용된 동일한 형식이 비평 간주에 언급된 라틴어 사본들에게도 적용된다. 라틴어 사본들은 네 개의 세로 단들을 가진 도표 안에 나열된다. 첫 번째 세로 단은 사본에 대한 간단한 명칭(사본 번호ms. mr.), 두 번째 단은 연도saec.= *saeculum*, 세 번째 단은 보관 기관 및 청구 번호bibliotheca, 네 번째 단은 사본의 내용cont.= *continent*을 제공한다. 그러나 헬라어 사본 목록과 다르게, 라틴어 사본들은 그 것들의 내용에 따라 여러 부분으로 편성되었다: 복음서*evangelia*, 『사도행전』*actus apostolorum*, 바울 서신*corpus Paulinum*, 공동 서신*epistulae catholicae* 및 『요한 계시록』*apokalypsis*. 결과적으로, 하나의 모음집 단위 이상을 담고 있는 라틴어 사본은 한 부분보다 더 많은 부록에 등장한 것이다.

이 사본들은 소문자와 숫자를 사용해 명명된다. 헬라어 사본들과 유사하게 동일한 알파벳 철자가 다른 사본들에게 사용되기도 할 것이다; 숫자들만이 정확한 확인 요소가 될 것이다. 예를 들어, 복음서에서 알파벳 철자 "e"는 주후 5세기의 사본 2를 지시한다. 그러나 『사도행전』에서 "e"는 주후 6세기의 사본 50을 가리킨다.

연습문제

a. 어떤 라틴어 사본이 약어 "d"를 사용하는가(→해답)?

9. 부록 II:
다양한 사소한 읽기들Variae Lectiones Minores

이문들이 관계가 있으나 그것들이 나열된 곳에서의 해당 이문과 일치하지는 않을 때, 공공연하게 긴 비평 장치가 만들어지는 지는 것을 피하기 위해 그 이문들은 비평 장치에 완전하게 표기되지는 않을 것이다. 대신, 이 증거들은 괄호 속에 언급될 것이고, 그 읽기들은 부록 II에서 제공된다.

연습문제

a. 로마서 15:23의 비평 장치에서 부호 ⸀는 충분히 설명되지 않는 사본 F에서의 이문을 가리킨다. NA 28판의 정확한 읽기를 어디에서 발견할 수 있는가(→해답)?

III. 학자들을 위한 비평본으로서의 NA 28판

1. 27판 및 28판 사이의 변화

2. NA 28판의 취약점들

다음의 해설들은 학자들을 위한 자료로서 NA 28판의 강점들과 취약점들을 설명한다. 이것들은 네스틀레-알란트의 이전 판본들에 익숙한 대학 교수들 및 연구자들로서 종사하는 동료들을 위해 작성되었다.

1. 27판 및 28판 사이의 변화

'*에디티오 미노르*' Editio Minor("소형본")

27판과 28판의 가장 큰 차이점은 아마도 '*에디티오 미노르*'("소형본")가 '*에디티오 크리티카 마이오르*'("대비평본", ECM)로 변화되는 네스틀레-알란트의 새로운 개념에 있을 것이다. 이미 NA 28판의 공동 서신에서 실현되었지만 "나머지 신약 성경 문헌들의 본문은 ECM로 작업되기까지 변하지 않을 상태로 남아있을" 이 개념은 "계속된 개정을 위해 요구되는 자료이자 지식을 제공한다"(vii; 『한국어 서문판』, 6*). 이 새로운 개념은 앞서 자세히 논의했던 공동 서신의 본문과 비평 장치에 반영된 새로운 편집적 특성들을 설명해 준다(본서 78쪽 이하를 보라).

이 결정의 또 다른 결론은 학자들이 ECM에 익숙하게 될 것이라는 기대이다. 왜냐하면 중요한 문헌 제공은 NA 28판에서 단지 언급될 뿐 반복되지 않기 때문이다. 방법론과 개별 증거에 대한 평가에 대한 특별한 질문들은 ECM에 맡겨진다(비잔틴계 본문에 대한 논의를 보라. 53*; 『한국어 서문판』, 10*).

둘째 등급의 증거들Witnesses of the Second Order

첫째 등급의 증거들과 둘째 등급의 증거들 사이의 구분은 포기되었다(56*; 『한국어 서문판』, 14*). 이제 적극적 비평 장치는 모든 늘 언급되는 증거들 모두를 열거한다. 이전 판들에서 둘째 등급의 증거들의 본문을 재구성하는 복잡하고 종종 신뢰하기 힘든 과정 과정은 이제 쓸모없게 되었다. 비록 이러한 변화가 본문 증거에 대한 묘사를 보다 정확하게 만들지라도, 그것은 또한 비평 장치에 보다 긴 표제항을 만들어 냈다. 게다가, 늘 언급되는 증거들이 "소극적 비평 장치"의 일부분으로만 언급이 되었으며, 그것들조차 여전히 표시되지 않는 작은 공백들을 여전히 포함하고 있다(본서 117쪽에 있는 예, 𝔓[46]의 로마서 16:3의 예를 보라).

비록 편집자들이 사본들의 세 그룹들을 구별할지라도(61*; 『한국어 서문판』, 25*-26*), 늘[consistently] 언급되는 증거들, 자주frequently 언급되는 사본들 및 가끔occasionally 언급되는 사본들 사이의 구분은 동일한 엄격함을 가지고 신약 성경의 모든 부분들에 적용되지는 않는다. 헬라어 증거들의 등록부registry(61*-67*; 『한국어 서문판』, 26*-32*)는 단지 『사도행전』 및 바울 서신을 위해서만 자주 언급되는 사본들을 목록화 한다. 하지만 그러한 구분이 복음서들, 공동 서신 및 『요한 계시록』에 대해서는 포기되었다. 그리고 목록에 제시된 모든 사본들은 늘 언급되는 증거들이다. 게다가 가끔 언급되는 사본들은 더 이상 개별 문헌들에서는 목록화 되지 않는다(62*-67*; 『한국어 서문판』, 26*-32*). 그러나 이론적으로는 부록 I의 모든 헬라어 사본들의 목록에서 특별한 문헌을 위해 자주 언급되는 사본들을 빼버림으로써 그러한 목록을 확인할 수 있을 것이다.

구 번역본들Old Translations

구 번역본들에 대해, 대조본들collations이 기초하고 있는 편집본 목록의 수준은 상당히 향상되었다. 특별히, 『요한 계시록』의 라틴어 편집본들에는 많은 변화가 있었다. 보다 새로운 시리아어 편집본들이 '시루스 큐레토니아누스'Syrus Curetonianus(복음서들), 『페쉬타』*Peshitta*(약, 벧전, 요일) 및 '하르크렌시스'Harklensis(하르켈 사본. 복음서들, 바울 서신 및 보다 긴 공동 서신Longer Catholic Letters)의 본문을 문서화하는데 사용되었다. 『베드로후서』, 『요한이서』, 『요한삼서』 및 『유다서』에 대한 참고 자료들은 뮌스터에 위치한 신약 성경 본문 연구소의 미간행 대조본들에 기초를 두고 있다. 『요한 계시록』의 본문은 A. 뵈외부스A. Vööbus의 사진판photographic edition을 사용하여 인용된다(72*; 『한국어 서문판』, 39*).

콥트어 번역본들에 대한 분류학적 명칭nomenclature이 바뀌었다: "곁가지 아크밈 방언"/하부 아크밈 방언subakhimic(이전의 ac[2])은 현재 "리코폴리탄 방언"Lycopolitanic이고, "중부 이집트어 파이윰 방언"Middle Egyptian Fayyumic(fa)은 현재 "방언 W"Dialect W("비밀 메소켐 방언"crypto-Mesokemic, cw)이다. "파이윰" 방언(fa)과 "방언 V"Dialect V(cv)가 새로운 명칭으로 소개된다. 『요한복음』과 『사도행전』은 뮌스터의 연구소에서 준비된 대조본들에 기초한다.

다른 번역본들에 대해서, 연구자들은 새로운 에티오피아어 편집본들(마, 행, 공동 서신)과 논의된 고대 교회 슬라브어 편집본들(복음서들)을 주목해야 한다.

추론에 대한 처리Dealing with Conjectures

NA 28판의 편집자들은 비평 장치에서 추론들을 표시하는 것을 제한하기로 결정했다(49*; 『한국어 서문판』, 6*). 왜냐하면 이전 판들의 참고 부호들은 솔직이 문제가 있었다. 왜냐하면 그것들이 종종 너무 간략해서 자료를 확인하기가 어려웠기 때문이다. 이것이 불만족스러운 것으로 간주되었는데, 특별히 그 이유는 그 선택 사항이 목록의 대표적으로는 보이지 않으며, 단지 보다 오래된 작품만을 반영하기 때문이다. 대신, 추론들의 해석은 대체적으로 생략되었고, 새로운 등록 사항register을 함께 놓는 업무는 지금 암스테르담 대학The University of Amsterdam의 연구자 그룹들에게 양도되었다(49*; 『한국어 서문판』, 6*).

그러나 이 점은 그 편집자들이 원칙적으로 추론들에 반대한다는 것을 암시하지는 않는다. 절충 본문을 제작한다는 것은 어떤 경우에 원문 읽기를 담고 있는 어떤 사본도 남아있지 않을 가능성을 항상 열어 놓는다. 얼마나 많은 본문 증거들이 존재하는지는 상관없이, "처음 본문"은 상실되었을 것이다. 가장 오래된 본문 형태의 이론적 재구성을 주지하는 것은 절충 판들의 편집자들에게는 좋은 연습이 된다.

제목inscriptions과 후기subscriptions

신약 성경 개별 문헌들의 제목*inscriptions*과 후기*subscriptions*에서 발견되는 풍부한 이문들은 주석학적 결과물과는 어울리지 않는다. 그래서 편집자들은 더 이상 그것들을 문서로 제공하지 않기로 결정했다(49*; 『한국어 서문판』, 6*).

그럼에도 불구하고, 이 훌륭한 편집적 결정은 이전 판본들의 가치 있는 측면을 상실하게 만들었다. 네스틀레-알란트에 있는 후기는 출판물로서의 신약 성경의 역사를 살펴보는 것을 허용해왔다. 예를 들어, 바울 서신의 각각이 어디서, 언제, 왜 작성되었는지에 대한 정보는 가장 오래된 인쇄된 판본들에 담긴 비잔틴계 사본들을 통해 그리고 이 사본들로부터 나온 영향력 있는 초기 번역본들 안에 보존되었다. 이 주석들은 주후 1545년의 루터의 성경Luther Bible뿐만 아니라, 『킹제임스 성경』의 일부분이 되었다. 그리고 그것들은 주후 12세기의 많은 주석가들과 성경 독자들의 이해에 상당해 영향을 주었다. 그러나 한 세기 동안 성경 공회들Bible Societies은 텍스투스 레켑투스*textus receptus*를 번역의 자료 본문으로 사용하는 것을 포기했고, 대신 성경 공회들에게 사본들의 제목과 후기가 본문의 일부가 아니라 비평 장치에 속해 있다고 정보를 제공한 네스틀레 비평본Nestle edition을 사용하기 시작했다. 제목과 후기는 번역에 있어서 점차 사라지기 시작했고, 그래서 이제는 그것들이 대다수의 루터의 성경 및 『킹 제임스 성경』 판본들에서 조차 떨어져 나갔다. 비록 제목과 후기가 "처음 본문"을 재구성함에 있어 최고의 가치를 가지고 있다고 여겨지는 바티카누스 코덱스(바티칸 사본), 시나이티쿠스 코덱스(시나이 사본) 및 다른 많은 증거들에서 제공되고 있음에도 불구하고, NA 28판은 그것들을 헬라어 본문에서도 생략했다.

비평 장치에서의 약어들

불명료함을 피하기 위해 비평 장치는 *pauci*(*pc*)와 *alii*(*al*)라는 모호한 명칭들을 포기했다. 대신 모호한 *et*("그리고") 혹은 *sed*("그러나")를 대체하는 약어 *cf* (*confer*)가 새롭게 소개되었다.

본문 변경Textual Changes

가장 많이 예상되는 질문들 중 하나는 편집자들이 헬라어 신약 성경의 본문에 변경들을 소개했는지 아닌지 하는 것이다. 27판이 등장했을 때, 편집자들은 26판(주후 1979년)의 본문을 변경들 없이 차용했다. 이제 30년이 넘는 기간 동안 처음으로 새로운 이문들이 본문란에 소개되었다. 공동 서신에서의 '*에디티오 크리티카 마이오르*'("대비평본", ECM)의 결과들이 출판되었기 때문에, 편집자 위원회 NA 28판에서도 역시 '에디티오 크리티카 마이오르'(ECM)의 본문 결정 사항들을 차용하기로 결정했다(48*; 『한국어 서문판』, 4*-5*).

공동 서신 내에서의 33개의 본문 변경들이 서문에 따로 나열되어 있다(50*-51*; 『한국어 서문판』, 8*). 9개의 경우에 있어서, 이전 판은 이문들을 꺽쇠 괄호 안에 제시했다. 왜냐하면 편집자 위원회가 무엇을 본문란에 둘지 그리고 무엇을 비평 장치에 둘지에 대해 결정하지 못한 상태에 있었기 때문이다. 이 경우들 각각은 이제 결정이 되었고, 각 이문은 비평 장치로 이동되었다.

공동 서신 외의 나머지 문헌들의 본문은 변경되지 않은 채 남아있고, 28판의 본문은 26판과 27판의 본문과 동일하다.

부록 I: 헬라어 사본들

NA 28판은 파피루스 목록을 현재 127개를 등록하기까지 갱신했다. 주후 2001년도에 8번째 개정 중쇄에 116의 파피루스를 등록했던 27판과 비교하여, 이러한 증가는 인상적이다.

27판은 "다수 본문"을 위한 증거로 사용된 899개의 미뉘스쿨 사본들("소문자 사본"들)의 목록을 제공했다; 28판은 더 이상 그러한 목록을 제공하지 않는다.

부록 II: 다양하고도 소소한 읽을거리들

비평 장치를 보다 짧게 유지하기 위해, "다양하고도 소소한 읽을거리들"이라는 제목 하에 네스틀레-알란트 27판은 충분히 주석처리가 되지 않은 하위 이문들subvariants의 목록을 제공했다. 후에 이 목록은 완전히 개정되었다.

예를 들어, 『갈라디아서』는 27판에서 15개의 표제항들들을 처리했다. 반면, 28판은 그 숫자를 8개로 감소시켰다. 『에베소서』에서 나타난 22개의 표제항들은 28판에서 10개로 감소되었다.

어떤 특별한 예는 이 목록이 겪은 완전한 개정을 설명해 준다: 갈라디아서 4:11에서 $\mathfrak{P}^{46}$의 첫 번째 필사자는 '에꼬삐사'(ϵκοπισα)라는 단어 위에 '알파'(α)를 삽입함으로써 '에꼬삐사'(ϵκοπισα)를 '에꼬삐^{아}사'(ϵκοπι^{α}σα)로 수정했다(이 구절에 대해서는 Kenyon, 137을 보라). 이것이 27판에서는 언급되지만, 더 이상 그러한 섬세함들을 추구하지 않는 NA 28판에서는 생략되었다. 그러한 정보를 삭제한 이유들 중 하나는 아마도 사본이 생산될 당시 첫 번째 필사자에 의해 이미 교정되었던 실수들을 문서화하는 것으로부터 비평 장치를 해방시키고 싶은 욕망 때문이었을 것이다. 갈라디아서 1:8의 '유앙겔리제따이'(ϵυαγγϵλιζηται)에 대해, 104, 1241^{c}, 1739*, 0278 및 D*의 이문들이 27판에서는 열거되었다. 하지만 28판에서는 단지 D^{*,c}의 읽기만이 문서화 되었다. 104의 이문은 수정되었다. 그리고 그것은 아마도 27판에서의 실수였던 것 같다. 1241에서의 수정은 더 이상 표기되지 않는다('헤민'[ημιν]은 '휘민'[υμιν]의 헬라어의 "이"-모음화^{itacism}으로 해석된다). 1739*의 읽기는 NA 28판에서 읽기 1739로 표기된다(그것은 사본의 첫 번째 필사자의 수정인 것 같다; 표제항 1739^{vid}가 생략되었다). 0278에서의 재배열은 더이상 부록에서 문서화되지 않는다. 단지 비평 장치에서 (^{s} 0278)로 표기된다. 이 간략한 분석은 그 정보가 실수가 있는 읽기들을 제거함에 특별한 관심을 가지고 사본들에서 조심스럽게 점검되고 있다는 것을 보여준다.

NA27의 이전 부록 III, 비평본들의 차이들Editionum Differentiae

NA27판은 티쉔도르프Tischendorf, 웨스트코트-호트Westcott-Hort, 폰 조덴von Soden, 보겔스Vogels, 메르크Merk, 보버Bover 및 NA25의 서로 다른 부분이 어디인지를 문서화한 목록을 포함한다. 이 목록은 NA 28판에서 생략되었다.

부록 III: 언급 혹은 암시 장소Loci Citati vel Allegati

바깥 난외주에 언급된 유대교 성경 및 세속적 그리스 문학 본문들에 대한 언급들과 암시들은 NA 28판의 부록 III에 조직적으로 항목화 되어있다. 그 목록은 완전히 개정되고 확장되었으며, 27판에서 36쪽의 분량은 28판에서는 42쪽의 분량으로 증가되었다. 그러므로 대학 교육에서 이 병행구들을 언급하는데 익숙한 학자들은 그것들이 상당 부분에서 변경되었다는 것과 27판을 사용하는 학생들이 종종 NA 28판과 다른 표제항들을 발견하게 될 것을 염두에 두어야만 한다.

부록 IV: 부호와 약어Signa et Abbrevationes

에베르하르트 네스틀레가 주후 1898년도에 '노붐 테스타멘툼 그라이케'*Novum Testamentum Graece*의 첫 번째 판을 출판했을 때, 그는 라틴어로 작성된 단지 네 쪽의 설명을 덧붙였다. 비록 그 문서가 판을 거듭하면서 최종적으로는 독일어와 영어 소개로까지 발전해 나갔을지라도, 편집자들이 라틴어 본Latin version을 누락시키기로 결정했던 26판까지는 그렇지 않았다. NA 28판의 약어 체계는 라틴어로 남아있는 반면, 약어들의 독일어 및 영어 번역본들이 처음으로 부록 IV에 제공되고 있다.

2. NA 28판의 취약점들

헬라어 신약 성경의 네스틀레-알란트 비평본은 광범위하게 사용되고 있고 또한 오늘날의 대다수 성경 번역본들의 자료 본문을 제공한다; 네스틀레-알란트 본문은 많은 학자들과 대학 교수들에게 있어서 사용되는 유일한 본문이다. 그리고 네스틀레-알란트 본문의 강한 학문적 성향에도 불구하고, 시장에서의 반응은 고무적이었다. 또한 이런 현상은 혹자들로 하여금 NA 28판이 알려진 모든 이문들을 문서화하고 현존하는 모든 사본들을 나열하고 있다고 믿도록 이끌기도 했다. 몇 번이고 반복해서 편집자들은 독자들에게 NA 28판은 대학 기관, 학계 및 교회에서의 사용을 위한 "휴대용 판""hand edition"(독일어: Handausgabe. "소형판")을 제공이라는 한정된 목적을 가진 소형판이라는 것을 명확하게 상기시켰다. 그럼에도 불구하고 "소형본"*editio minor*으로서 NA 28판은 여전히 완성을 위해 수년을 기다려야 하며 사본들과 이문들의 완전한 문서를 제공하고자 하는 '에디티오 크리티카 마이오르'("대비평본")를 보충하기 위한 자격은 충분히 있다(서문, vii [『한국어 서문판』, vi]를 보라).

이 책의 앞선 단락들에서 이 판본의 강점들과 어떻게 그것을 사용할지를 설명했다. 다음은 학문적 정황에서 NA 28판이 사용될 때 이 판본의 취약점들을 논의할 것이다. 구체적인 예들이 이 이슈들의 일부를 강조해 준다.

예: 𝔓^{46}의 로마서 15:31

로마서 15:31의 본문과 그에 해당하는 비평 장치는 NA 28판에 다음과 같이 재생된다(514):

θεόν, **31** ἵνα ῥυσθῶ ἀπὸ τῶν ἀπειθούντων ἐν
τῇ Ἰουδαίᾳ καὶ ⸆ ἡ ⸀διακονία μου ἡ ⸁εἰς Ἰερουσαλὴμ
εὐπρόσδεκτος τοῖς ἁγίοις γένηται, **32** ἵνα ⸉ἐν χαρᾷ
ἐλθὼν⸊ πρὸς

• **31** ⸆ ινα ℵ^{2} D^{2} L Ψ 33. 104. 365. 1175. 1241. 1505 𝔐 f g sy^{h}; Ambst ¦ *txt* 𝔓^{46} ℵ* A B C D* F G P 6. 81. 630. 1506. 1739. 1881 lat | ⸀ δωροφορια B D* F G it; Ambst ¦ *txt* 𝔓^{46} ℵ A C D^{2} L P Ψ 33. 81. 104. 365. 630. 1175. 1241. 1505. 1506. 1739. 1881 𝔐 f g vg^{mss} sy co | ⸁ εν B D* F G 1505 ¦ *txt* 𝔓^{46} ℵ A C D^{1} L P Ψ 33. 81. 104. 365. 630. 1175. 1241. 1506. 1739. 1881 𝔐 • **32** ⸉ εν χαρα ελθω 𝔓^{46} ℵ^{2} B D F G L P Ψ 104. 1175. 1241 𝔐 ¦ ελθων εν χαρα ℵ* ¦ *txt* A C 6. 33. 81. 365. 630. 1505. 1506. 1739. 1881

편집자들은 𝔓^{46}을 로마서 본문을 위해 늘 언급되는 증거들로 분류해 놓았다(63*; 『한국어 서문판』, 28*). 그리고 부록은 𝔓46의 이 본문에 대해 어떤 틈을 언급하지 않는다(794-95). 편집자들이 이문들을 언급한 네 곳들 중에서 𝔓46는 세 번 NA 28판의 본문에 재생된 판을 지지하고, 단지 한 번 𝔓46는 비평 장치에서 표기된 이문을 지지한다(15:32에서 '엘톤'[ϵλθων] 대신에 '엘토'[ϵλθω]). NA 28판에서 제공되는 정보로부터 𝔓46의 표현을 재구성 할 때, 혹자는 결국 다음의 표현을 갖게 될 것이다:

θϵον ινα ρυσθω απο των απϵιθουντων ϵν τη ιουδαια
και η διακονια μου η ϵις ιϵρουσαλημ ϵυπροσδϵκτος
τοις αγιοις γϵνηται ινα ϵν χαρα ϵλθω προς

그러나 𝔓46의 구절은 다음과 같다(5-8줄. P.Mich.inv 6238, 38 뒷면verso):

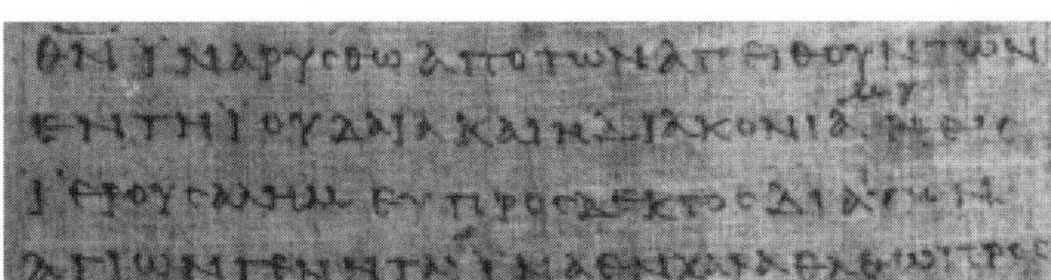

𝔓46: P.Mich.inv. 6238, 38; 뒷면(롬 15:29-16:3). 사진은 Papyrology Collection의 허락을 받고 재생되었다. 미시건 대학교, 대학원 도서관; 소장번호: P.Mich.Inv. 6238.

𝔓[46]의 본문의 베껴 옮기기는 이렇다:

θεον ινα ρυσθω απο των απειθουντων
εν τη ιουδαια και η διακονια (교정: μου) η εις
ιερουσαλημ ευπροσδεκτος δια των
αγιων γενηται ινα εν χαρα ελθω προς

앞서 지적되었듯이(23-24쪽), 특정한 사본의 특수성들은 NA 28판에 문서화되지 않는다. 그 특수성들은 첫 번째 줄의 '*노멘 사크룸*'*nomen sacrum*("거룩한 이름")인 $\overline{\theta\nu}$와 ϊουδαια, ϊερουσαλημ 및 ϊνα(2회)의 첫 번째 모음 위에 있는 '트레마'trema("분음부호")를 포함한다.

𝔓[46]의 베껴 옮기기와 NA 28판의 본문란text line의 비교는 두 가지 차이점들을 드러낸다: 로마서 15:31에서 '디아 똔 하기온'(δια των αγιων)(𝔓[46]) 대신에 NA 28판은 '또이스 하기오이스'(τοις αγιοις)를 제공한다. 32절에서 '엘토'(ελθω)(𝔓[46]) 대신에 NA 28판은 '엘톤'(ελθων)을 제공한다. 두 번째 이문은 𝔓[46]과 관련하여 비평 장치에서 언급된다. 그러나 첫 번째 이문은 그렇지 않다.

해석

사용자들은 늘 언급되는 모든 사본의 모든 이문이 문서화 된다는 것을 생각하면서 NA 28판에 실수가 있는 것이 아닌가를 의심한다. 그러나 편집자들은 신약 성경 본문에 대한 알려진 모든 이문들의 포괄적 목록을 제공하지 않는다. 그들은 단지 선정된 부분들에서 어떤 사본들의 읽은 부분들을 문서로 만들기로 결정했을 뿐이다.

위의 예는 세 가지 점들을 증명해준다. (1) 편집자들이 비평 장치에서 표제항을 만들지 않은 본문란의 그 부분들에 대해, 늘 언급되는 모든 증거들이 그 본문을 지지하고 있다고 가정해서는 안된다. 실제로, 𝔓[46]은 NA 28판의 본문란의 '또이스 하기오이스 게네따이'(τοις αγιοις γενηται)에 대한 이문을 가진 유일한 사본이 아니다. 늘 언급되는 세 개의 다른 사본들(D, F, G)는 단어들을 재배열한다: '게네따이 또이스 하기오이스'(γενηται τοις αγιοις)(Kenyon, 18). (2) 늘 언급되는 사본들 각각의 모든 이문들이 NA 28판에 기록되는 것은 아니다. (3) 만약 특정한 사본을 읽고 있는 연구자가 NA 28판의 본문란에 대한 어떤 이문을 발견했다면, 이 이문이 다른 사본들에 의해서도 지지받는지 아닌지를 말할 수는 없다.

사본들의 선택

어떤 사본들을 늘 언급하는 사본으로 결정하는가 하는 문제는 재구성된 "처음 본문"의 질(質)에 중대한 영향을 미친다. 다른 사본들의 선택은 다른 비평 본문을 가져올 것이다. 늘 언급되는 증거들로서의 사본들의 선택 기준은 서문에 단지 간단하게 그리고 매우 일반적인 용어들로 설명된다(54*; 『한국어 서문판』, 11*): "증거들의 질(質)과 신뢰성은… 본문의 역사적 장소와 단일 증거들과 그룹 증거들의 베껴 옮기기의 성격에서 기인한다". 26판 이후로 특정한 사본들의 가치에 대한 평가는 테스트 구절들에 대한 조사에 기초를 둔다. NA 28판의 경우, 다양하고 국제적인 편집자 위원회 내에서의 비평적 논의와 함께, 이 조사가 증거가 선택되는 기준이 한 개인의 주관적인 선호를 반영할 위험의 가능성을 없애버렸다.

공동 서신에 대한 일반적인 소견들을 제외하고(52*-53*; 『한국어 서문판』, 9*-10*), NA 28판의 편집자들은 어떤 본문들이 본문란에 위치되고 어떤 것들이 비평 장치에 놓이는지를 결정하기 위해 각 표제항에서 그들이 적용했던 기준들을 설명하지 않는다. 확실히 그러한 해명들은 간결한 소책자의 범위를 넘어설 것이다. 그러나 보다 오래된 판본들의 편집자들의 논의들은 Bruce Metzger, *A Textual Commentary on the Greek New Testament*(『신약 그리스어 본문 주석(제2판)』, 장동수 역[서울: 대한성서공회, 2008]옮긴이)에 문서화 되어있다.

NA 28판을 설명하는 하나의 방법은 그것이 편집자 위원회의 늘 언급되는 사본들을 선택하고 비평 장치 표제항apparatus entry을 만들기 위한 장소를 선택하는 과정이 아니라 그 결과만을 보여준다는 것이다. Kurt Aland and Barbara Aland, *The Text of the New Testament*는 그 과정을 더 잘 이해하는데 도움이 된다. 사본들의 선택과 이문들을 평가하는데 있어서 매우 인정받은 이 책은 이전 판본들의 편집자 위원회를 이끌었던 테스트 구절에 대한 조사에 기초된 신약 사본들의 범주 체계를 설명해준다.

본문 구절들의 선택

첫 번째 네스틀레 판들은 헬라어 신약 성경의 인쇄본들을 비교했다. 인쇄본들이 일치할 때면 언제든지, 그 읽기는 본문란 형성했다. 그것들이 일치하지 않았을 때, 소수 의견이 비평 장치에 표기되었다. 그 불일치들이 비평 장치 어디에 표제항을 만들어야 할지를 결정했다. 그러나 시간이 지나면서, 사본들로부터의 증거들이 점차적으로 인쇄본들(첫 번째 네스틀레 판들에 사용했던)을 대체했다. 비록 이문들을 나타내는 장소들이 판본을 거듭하면서 숫자적으로 사실상 증가했을지라도, 편집자들은 그들이 왜 특정 장소에 비평 장치 표제항을 만들도록 선정하고, 이문들이 존재하는 다른 부분은 내버려 두려고 했는지를 결코 설명하지 않았다. NA 28판 역시 그 선택에 대한 원리를 제공하지 않는다.

공백 처리하기

NA 28판이 사본들 속에 있는 작은 틈들을 기록하지 않는다는 사실로부터 발생하는 어려움들은 구체적인 예로서 가장 잘 설명된다.

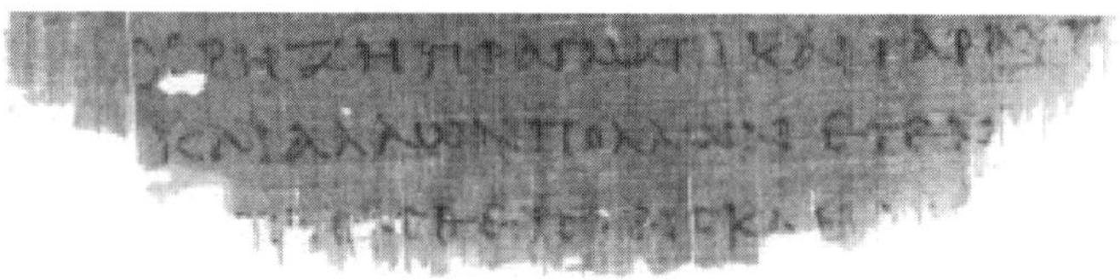

𝔓[46]: P.Mich.inv. 6238, 38; 뒷면(롬 15:29-16:3). 사진은 Papyrology Collection의 허락을 받고 재생되었다. 미시건 대학교, 대학원 도서관; 소장번호: P.Mich.Inv. 6238.

로마서 16:2-4을 담고 있는 $\mathfrak{P}^{46}$의 원서 사진에서 볼 수 있듯이, 해당 쪽의 아래 쪽 공간이 완벽하게 보존되어 있지 못하다: 본문은 해당 쪽의 오른쪽 난외주에서 분실되었고, 맨 아래 줄은 해졌다.

이 사본에 대한 Kenyon의 비평본에서는(18쪽), 코덱스 낱장의 아래쪽 줄들이 다음과 같이 베껴 옮겨진다:

χρηζη πραγματι και γαρ αυτη̣ [προστατις
και αλλων πολλων εγεν[ηθη και εμου αυτου
3 ασ]πασασθε πρεισκαν κ̣[αι ακυλαν τους
4 [συνεργους μου εν χ̅ρ̅ω̅ ι̅η̅υ̅ οιτινες υπερ]

시작 부분과 눈에 보이는 마지막 줄의 끝 부분에서 문자들이 분실되었다. 다른 사본들의 본문과 이 본문을 비교할 때, 본문의 전체 줄이 물리적으로 소실되었다는 것이 더욱 더 추정된다.

로마서 16:3에 대해 NA 28판에는 두 개의 이문들이 기록되어 있다: '쁘리스깐'(Πρισκαν)은 일부 증거들에서 '쁘리스낄란'(Πρισκιλλαν)으로 재생되었다. 그리고 일부 사본들은 '크리스또 이에수'(Χριστω Ιησου) 뒤에 여섯 개의 단어들을 추가한다. 보다 정확하게는, 로마서 16:5로부터의 여섯 개의 단어들(και την κατ οικον αυτων εκκλησιαν)이 이 위치로 이동되었다. 두 개의 비평 장치 표제항들 모두는 소위 "소극적 비평 장치"의 형식으로 나타난다. 즉, 그 본문에 대한 증거들은 열거되지 않는다. 그러나 '콘트라 텍스툼'*contra textum*("본문에 반한") 인증만 제공된다(56*; 『한국어 서문판』, 13*).

χρῄζῃ πράγματι· καὶ
γὰρ ⸀αὐτὴ ⸂προστάτις πολλῶν ἐγενήθη καὶ ἐμοῦ αὐτοῦ⸃.
3 Ἀσπάσασθε ⸀Πρίσκαν καὶ Ἀκύλαν τοὺς συνεργούς
μου ἐν Χριστῷ Ἰησοῦ⸆, **4** οἵτινες ὑπὲρ

• **3** ⸀Πρισκιλλαν 81. 365. 614. 629. 630. 945. 1505. 1881c ar m vgmss sy (bopt); Ambst | ⸆και την κατ οικον αυτων εκκλησιαν D*.2 F G ar m

NA 28판의 로마서 16:3의 본문과 비평 장치 (515).

그러한 경우들에 있어서, 부록에 어떤 공백도 표기되지 않으며, 항상 언급되는 모든 증거들이 본문란의 읽기를 제공할 것이라고 당연히 생각될 것이다. 이 부분은 늘 주의가 필요하다. 부록 I은 𝔓46의 로마서 15:11과 16:27 사이에 어떤 틈도 표시하지 않는다(794). 그러나 𝔓46을 얼핏 보는 것은 로마서 15:11-16:27의 본문을 담고 있는 여섯 쪽(Kenyon, 16-21:

fol. 19-21 뒷면과 앞면)에서 아래 줄들이 종종 불완전 하다는 것과, 맨 마지막 줄이 시실은 빈번히 분실된다는 것을 지적한다. 이는 현재 고려 중인 쪽에 대해서 사실이다.

이것이 첫 번째 이문에 대한 결론('쁘리스깐'[Πρισκαν]을 제공하는 𝔓⁴⁶)이 옳다는 독특한 관찰로 인도한다. 그러나 두 번째 이문과 관련하여, 해당 줄 전체가 분실되었기에 𝔓⁴⁶는 증거를 가지고 있지 않다.

이것이 NA 28판의 독자들에게 무엇을 의미하는가? 만약 특정한 구절에 대해 특정한 사본의 표현이 주석학적 논의에 있어서 결정적이라면, 그렇다면 비평 장치에 있는 참고 자료들은 충분하지 않다는 것이다. 이 점은 매우 파편화된 사본들에 있어서 특별히 사실이다. 한 사본의 모든 틈들이 표시되고 있다는 것이 당연한 것으로 여겨져서는 안 된다. 그러므로 소극적 비평 장치에 있어서 주의가 특별히 요구된다. 중요한 논의가 어떤 한 사본의 표현에 기초를 두고 있자마자. 그 읽기들은 보다 철저한 비평본을 사용하고, 사진을 보고 혹은 원본을 찾아봄으로써 조사되어야 한다.

한 사본의 정확한 표현을 재구성하기 위해 NA 28판을 사용하는 것은 가능하지 않다. 편집자들은 개별 사본의 모든 읽기들, 철자법 상의 차이들, 실수들, 읽을 수 없는 단어들, 공백들 혹은 다틀 특이점들을 문서화하는 도구를 제공하려고 의도하지 않았다. 단지 때때로 그러한 관찰들이 언급된다.

"지역적-계보적 방법론"Local-Genealogical Method

본문 결정에 있어서 이전에 편집자들을 인도하던 방법론이 NA 28판에서 변경됐다. 방법론적 접근methodological approach을 위해 이전 판들에서 사용된 용어인 "지역적-계보적" 방법(NA 26판 서문[5*]에 있는 Kurt Aland의 "lokal-genealogische Methode"에 대한 고전적 설명을 보라)은 28판에서 더 이상 사용되지 않는다.

지역적-계보적 방법은 그 본문의 어떤 장소에서 이문들이 어디에 언급되어 있고 현존하는 읽기들 중 어떤 것이 그 "처음 읽기"를 결정하는 결과를 이끌어 냈다. 그래서 나머지 이문들은 족보family tree처럼 각 이문이 어떻게 나머지 이문들로부터 발전했는지를 서술해주는 가계도 안에 편성되었다. 보통 "가계도들"stemmata('스템마타')은 사본들과 이문들이 아닌 사본들 서로의 관계를 서술하기 위해 구성되었다. 그러나 지금까지는 신약 성경 사본들을 하나의 최종적인 가계도에 위치시키는 모든 시도들은 실패했다. 더 나아가, 사본들의 가계도는 전형적으로 적은 분량의 적절한 이문들pertinent variants(독일어: *Leitvarianten*)의 선택에 기초하고 있기 때문에, 쿠르트 알란트Kurt Aland와 그의 동료들은 지역적-계보적 접근의 평가는 각 사본의 질(質)을 결정하기 위한 새로운 탁월한 도구가 될 것이라고 제안했다. 지역적-계보적 방법으로 결정된 것으로서, "처음 본문"에 속한 높은 비율의 이문들을 가진 사본들은 십중팔구는 결정이 지역적-계보적 접근법에 기초될 수 없었던 부분들에서의 "처음 읽기"를 보존하는 현명한 선택이 될 것이다. 이것이 컴퓨터를 이용한 분석과 특정한 사본의 "처음 본문"에 대한 근접성을 결정하기 위한 범주들의 발전을 이끌었다. 그 범주들과 통계학적 데이터는 쿠르트 알란트 바바라 알란트Barbara Aland의 *The Text of the New Testament*에서 출판되었다.

"일관성에 근거한 계보적 방법론"Coherence-Based Genealogical Method

지역적-계보적 접근은 더 나아가 "일관성에 근거한 계보적 방법론"(CBGM)으로 발전되었고, 그것의 첫 번째 결과물들이 현재 공동 서신에 대해 문서화되어 있다. 그러나 방법론 자체는 NA 28판에는 자세히 설명되지 않는다(52*; 『한국어 서문판』, 9*-10*). 대신 편집자들은 뮌스터에 위치한 신약 성경 원문 연구소에서 자신의 연구의 일부분으로 이 방법론을 발전시킨 게르트 밍크Gerd Mink의 소논문 "Contamination, Coherence, and Coincidence in Textual Transmission: The Coherence-Based Genealogical Method(CBGM) as a Complement and Corrective to Existing Approaches"을 언급한다(52*, n. 3; 『한국어 서문판』, 9*, 각주 19[원문 각주 2]).

CBGM의 기본적 통찰은 "처음 본문"이란 현존하는 어떤 사본에서도 이 형식으로 살아남아있지 않은 본문을 가리키는 실제상의 본문virtual text로서 가장 잘 이해할 수 있다. 결과적으로, 사본들의 가계도는 종종 소실되기도 했고 또한 다른 사본들에 영향을 주었다고 가정된 사본들을 위해 공간을 허용해야 한다. 이 실제상의 증거들은 동일한 타당성을 가지고 존재하는 사본들로서 취급되어야 한다.

더 나아가 CBGM은 살아남은 사본들의 본문이 오염되었다는 것을 인정한다. 이는 특정 사본들이 생산되고 전수되는 동안 한 사본 전통one manuscript tradition의 이문들이 또 다른 사본 전통의 이문들과 종종 혼합되기에, 사본들의 최종적 가계도를 재구성하는 것은 아마도 불가능하다는 것을 의미한다.

또한 이를 통해 본문 비평 연구의 역사에 있어서 처음으로 전자 미디어를 통해 풍부한 이문들이 포괄적으로 기술될 수 있다. 이제 풍성한 데이터는 그에 어울리는 해석을 기다리고 있다. CBGM은 형성된 데이터established data를 평가하기 위한 세심히 관리되는 방법론적 접근controlled methodical approach과 닮았다. 지역적-계보적 의존들을 인지하는 것에 대한 변화하고 있는 언어학적 기준들은 이 방법론에 의해 제공되는 결과물들 또한 변경할 것이다.

CBGM은 학자들이 데이터에 접근하고 평가하도록 돕기로 약속한 도구인 "메타 방법론"meta-method이다. 이것은 현존하는 모든 사본들의 가계도를 생산하도록 고안되지 않았다; 오히려, 그것은 개별 사본들의 상호 관계를 설명하기 위한 세심히 관리되는 접근법controlled approach을 제공한다. 이 방법은 본문 결정들을 내리지 않는다. CBGM이 컴퓨터가 현존하는 모든 이문들을 평가함으로써 "처음 본문"을 결정하도록 할 것이라고 생각하는 것은 심각한 오해인 것이다.

신약 성경 본문 연구소는 흥미 있는 독자들이 이 접근법을 시험할 수 있도록 포털 사이트를 제공한다(http://intf.uni-muenster.de/cbgm/en.html).

앞으로의 수십 년은 일관성에 기초한 계보적 접근법이 학계에서 완전한 인정을 받을 것인지를 보여줄 것이다. 데이터와 방법론을 제시하는 것은 건설적인 논의를 위한 중요한 단계들이다. 그럼에도 불구하고, NA 28판의 사용자들은 다른 방법론적 접근은 분명히 다른 비평 본문을 생산해 낼 것이라는 점을 의식해야 한다.

부록: 교사들을 위한 제안들

다음의 예들은 NA 28판이 어떻게 전문 교육 환경에서 전통적인 주석학적 문제들을 두드러지게 하는데 사용될 수 있는지를 증명해 준다. 인용된 영어 번역들은 New Revised Standard Version에서 빌려왔다(옮긴이는 『개역 개정판』을 사용한다).

여자는 교회에서 잠잠해야 한다

『고린도전서』에서 종종 인용되는 단락은 다음과 같다(고전 14:34-35옮긴이):

> 34여자는 교회에서 잠잠하라 그들에게는 말하는 것을 허락함이
> 없나니 율법에 이른 것 같이 오직 복종할 것이요 35만일 무엇을

배우려거든 집에서 자기 남편에게 물을지니 여자가 교회에서 말하는 것은 부끄러운 것이라

계속되는 발췌문(고전 14:30-33a, 36-40옮긴이)은 그 문맥을 재생한다. 위의 단락은 삭제되었다. 위의 단락의 원 위치를 확인하도록 시도해보라!

30만일 곁에 앉아 있는 다른 이에게 계시가 있으면 먼저 하던 자
는 잠잠할지니라 31너희는 다 모든 사람으로 배우게 하고 모든
사람으로 권면을 받게 하기 위하여 하나씩 하나씩 예언할 수 있
느니라 32예언하는 자들의 영은 예언하는 자들에게 제재를 받나
니 33하나님은 무질서의 하나님이 아니시요 오직 화평의 하나님
이시니라 36하나님의 말씀이 너희로부터 난 것이냐 또는 너희에
게만 임한 것이냐 37만일 누구든지 자기를 선지자나 혹은 신령
한 자로 생각하거든 내가 너희에게 편지하는 이 글이 주의 명령
인 줄 알라 38만일 누구든지 알지 못하면 그는 알지 못한 자니라
39그런즉 내 형제들아 예언하기를 사모하며 방언 말하기를 금하
지 말라 40모든 것을 품위 있게 하고 질서 있게 하라

『고린도전서』로부터의 구절은 예언의 은사를 가진 공동체

의 구성원 모두가 동시에 말해서는 안 되고 한 사람씩 말해야 한다는 것을 제안한다. 교실에서 논의할 때는 어디에 그 발췌문이 위치해야 하는지에 초점을 둘 수 있을 것이다. 혹자는 "여자는 교회에서 잠잠하라…"라는 구절이 문맥의 흐름을 막고 있기에, 그 본문에서 이 구절 없이 읽는 것이 더 낫다고 논의할 것이다. 어떤 점에서, 그 그룹은 논의를 계속하기 위한 추가적인 통찰력을 얻기 위해 영어 번역으로 그 전체 구절들(고전 14:30-40)을 읽을 것이다.

논의 후에 교사는 보에네리아누스 코덱스Codex Boenerianus(G 012)[3]안의 그 구절 사진을 제시해야 한다, 그러고 나서 학생들에게 확인하고 NA 28판의 도움을 받아 그 구절을 베껴 옮길 것을 요구하라. 이 연습문제는 숙제 혹은 소그룹 과제가 될 수 있다.

NA 28판의 비평 장치는 사용들에게 두 개의 다른 대문자 사본들(D, F)과 함께 G가 그 발췌문("여자는 교회에서 잠잠하라…")을 현재 영언 번역본들이 이 구절(고전 14:33-34)을 담고 있는 어떤 곳에서도 제시하지 않고 있고, 오히려 고린도전서

3. [원문 각주 2] 드레스덴 대학 도서관(The University Library of Dresden)은 웹사이트를 통해 그 사진들에 접근할 기회를 제공한다: http://digital.slub-dresden.de/id274591448; [83]-37쪽의 맨 윗부분을 보라.

14:40, 즉 그 장의 끝 부분에 제시하고 있다고 가르쳐준다.

아마도 학생들은 이 관찰을 위한 다른 설명들의 범위를 제시할 것이다. 이 구절이 후대에 삽입되거나 혹은 단순히 문맥의 흐름을 위해 재배열 되었다는 생각들은 주석학적 작품에서 논의 된다. 첫 번째 생각(전자)은 NA 28판의 바깥 난외주에 언급된 병행 구에서 표시되듯이 그 구절이 디모데전서 2:11-12과 현저하게 유사하다는 점에 지지를 받는다. 그러므로 『디모데전서』를 바울 서신 정경 모음집으로 수용한 그 동일한 편집자들이 고린도전서 14장에 그 구절을 삽입했다는 것이 가능하다. D, F 및 G의 한 편집자가 본문 문맥을 더 좋게 만들기 위해 그 구절을 재배열했다는 두 번째 생각(후자)은 로마서 16장의 지지를 받는다: NA 28판의 비평 장치는 동일한 사본 그룹(D, F, G)이 다음의 구절들을 재배열하고 있다는 것을 가르쳐 준다: 로마서 16:3-5에서 단어들이 문맥의 흐름을 증대하기 위해 재배열 되었다, 그리고 로마서 16:16b는 16:21로, 16:20b는 16:24로 이동되었다.

『누가복음』의 승천 기사

현대 영어 번역본 대다수는 다음과 같은 누가복음 24:51의 내용을 담고 있다: "축복하실 때에 그들을 떠나 [하늘로 올려지시니]". New Revised Standard Version은 다음과 같은 주석을 단다: 다른 고대의 근거들은 "하늘로 올려지니"를 결여하고 있다(『개역 개정』은 이 표현을 꺽쇠 괄호[ ]로 표시했다옮긴이).

주석학적 관점에서 승천 기사는 문제가 있다. 왜냐하면, 『사도행전』의 기사는 예수님께서 부활절 이후 40일이 지나고 "감람원이라고 산"에서 하늘로 오르셨다고 말하는 반면(행 1:3, 12), 『누가복음』은 이 사건을 부활절 주일, 베다니에 놓기 때문이다. 만약 『누가복음』의 승천 기사가 생략된다면, 그 해석적 도전은 해소될 것이다.

NA 28판의 비평 장치를 분석하면서, 학생들은 헬라어 단어 '까이 아네페레또 에이스 똔 우라논'(και ανεφερετο εις τον ουρανον)이 원래는 시나이티쿠스 코덱스(א*, 시내산 사본)의 첫 번째 필사자에 의해 기록된 것이 아니었다는 것을 발견해야 한다. 해당 쪽의 사진은 이 사본에게 헌정된 웹사이트를 통해 살펴질 수 있다: codexsinaiticus.org. 그곳에서 비평 각주로부터의 정보가 진실임이 쉽게 증명된다: 단어들이 그 쪽의 위쪽 난외에 추가되어있다.

학생들의 논의는 그 관찰에 대한 두 가지 설명들 검토할 수 있었다: 이 생략이 빠뜨림의 결과이거나 혹은 그것이 오래된, 아마도 처음 본문을 확실히 대표한다.

이문이 필사상의 실수라는 생각은 다음 본문이 생략의 첫 부분에 있는 동일한 네 개의 철자들(καια)로 시작한다는 관찰로 지지받는다. 잘 문서화된 복사의 실수a well-documented copying mistake는 두 개의 줄이 동일한 철자 나열로 시작하기 때문에 필사자의 눈이 한 줄을 빠뜨릴 때 발생한다.

και ανεφερετο εις τον ουρανον

και αυτοι ...

그러나 이것이 매우 오래된 이문이라는 다른 이론은 이 이문이 가장 오래된 라틴어 및 시리아어 번역본들(it sy^{s})에서도 나타난다는 사실에 의해 지지 받는다.

NA 28판의 『사도행전』의 본문과 비평 장치를 통해 찾아보는 것만으로도 혹자는 사도행전 1:9; 2:1; 3:11-12와 같은 보다 긴 추가물들longer additions을 종종 관찰하게 된다. 보다 면밀한 관찰을 해보면, 이 추가물들의 대부분은 주후 5세기의 하나의 헬라어 사본, 베자이 칸타브리기엔시스 코덱스Codex Bezae Cantabrigiensis(D 05, 베자 사본)에 문서화된다는 것이 명백하게 된다. 복음서들과 『사도행전』의 가장 미스터리한 이 사본의 사진들은 웹사이트를 통해 확인할 수 있다: cudl.lib.cam.ac.uk/collections/Christian.

이 이문들을 비교하는 것과 유사점들을 확인하는 것은 학생들에게도 많은 도움이 되는 연습일 것이다. 종종 이러한 추가물들은 더 많은 배경 정보를 요구하는 본문에서 그 무엇인가를 설명하려고 시도한다. 예를 들어, 사본의 대다수 전통들에서 사도행전 19:9는 다음과 같다: "어떤 사람들은 마음이 굳어 순종하지 않고 무리 앞에서 이 도를 비방하거늘 바울이 그들을 떠나 제자들을 따로 세우고 두란노 서원에서 날마다 강론하니라." 비평 장치는 D 사본에 있는 보다 긴 읽기인 '띠노스 아뽀 호라스 뻼쁘떼스 헤오스 데까떼스'(τινος απο ωρας πεμπτης εως δεκατης["다섯 번째부터 열 번째 시간까지", 즉 오전 11시부터 오후 4시까지])를 기록한다. 그 이문은 왜 바울이 강의실에 갔는지를 설명해 주려고 한 것 같다: 하루의 가장 더운 시간인 낮 동안에는 어느 누구도 그곳을 사용하려 들지 않았던 것이다.

연습문제 해답

1.1. 비평본의 구조와 의도

Excursus: 헬라어를 모르는 학생들을 위해

읽기 연습(30–31쪽)

a. Ο ασπασμος τη εμη χειρι Παυλου. ει τις ου φιλει τον κυριον, ητω αναθεμα. μαρανα θα. η χαρις του κυριου Ιησου μεθ’ υμων. η αγαπη μου μετα παντων υμων εν Χριστω Ιησου.

b. Ὁ ασπασμος τη εμη χειρι Παυλου. ει τις ου φιλει τον κυριον, ητω αναθεμα. μαρανα θα. ἡ χαρις του κυριου Ιησου μεθ’ ὑμων. ἡ αγαπη μου μετα παντων ὑμων εν Χριστω Ιησου.

c. Ὁ ασπασμος τη εμη χειρι Παυλου. ει τις ου φιλει

τον κυριον, ητω αναθεμα. μαρανα θα. ἡ χαρις του κυριου Ιησου μεθ’ ὑμων. ἡ αγαπη μου μετα παντων ὑμων εν Χριστω Ιησου.

쓰기 연습(31쪽)

b. Ο ΑΣΠΑΣΜΟΣ ΤΗ ΕΜΗ ΧΕΙΡΙ ΠΑΥΛΟΥ. ΕΙ ΤΙΣ ΟΥ ΦΙΛΕΙ ΤΟΝ ΚΥΡΙΟΝ, ΗΤΩ ΑΝΑΘΕΜΑ. ΜΑΡΑΝΑ ΘΑ. Η ΧΑΡΙΣ ΤΟΥ ΚΥΡΙΟΥ ΙΗΣΟΥ ΜΕΘ’ ΥΜΩΝ. Η ΑΓΑΠΗ ΜΟΥ ΜΕΤΑ ΠΑΝΤΩΝ ΥΜΩΝ ΕΝ ΧΡΙΣΤΩ ΙΗΣΟΥ.

1.3. NA 28판의 한 면을 보면서(34-35쪽)

b. 마가복음 10:46-52에 대한 다음의 병행구들이 기록되어 있다: 마 20:29-34; 눅 18:35-43/마 9:27-31(34쪽)

d. 분실된 네 개의 헬라어 단어, ‘까이 에르콘따이 에이스 이에리코’(Καὶ ἔρχονται εἰς Ἰεριχώ)를 가진 증거들은 다음과 같이 언급된다: B* sa^{ms}.(34-35쪽)

1.4. 판본의 구조

1. 서론과 본문을 담고 있는 주요 부분 및 비평 장치(38–39, 41쪽)

a. [1]Jude, a servant of Jesus Christ and a brother of James, To those who have been called, who are loved by God the Father and kept by Jesus Christ: [2]Mercy, peace and love be yours in abundance.

b. 본문 (NIV 유다서 3절): ʻDear friends, although I was very eagerʼ to write to you about the salvation we share, I ʻ1felt compelledʼ to write and ⸀urge you to contend for the faith that was once for all entrusted to ʻ2God's holy peopleʼ.

비평장치: ʻBeloved, while eagerly preparing | ʻ1find it necessary | ⸀appeal to | ʻ2the saints.

c. 파피루스: 𝔓^{56c}. 메줘스쿨(대문자 사본): ℵ A B C* Ψ. 미뉴스쿨(소문자 사본): 81. 323. 945. 1175. 번역본: lat. 언급/인용: Eus.

2. 부록(49쪽)

a. 『히브리서』의 마지막 부분(9:14-끝), 『디모데전서』, 『디모데후서』, 『디도서』 및 『빌레몬서』이 소실되었다. "r"이 신약 성경의 네 부분들(e a p r) 중 하나로 언급되고 있지 않기 때문에, 『요한 계시록』 역시 소실되었다.

b. 네 번째 세로 단에 제시된 정보는 이 질문에 답을 준다. 만약 이 사본들의 각각이 신약 성경의 다른 부분들을 담고 있다면 동일한 알파벳 대문자가 두 개 혹은 그 이상의 다른 사본들에게 돌려질 것이다. D 05는 복음서들(e)과 '프락사포스톨로스'Praxapostolos(a: 『사도행전』과 공동 서신)의 두 모음집 단위들을 결합한다. 반면, D 06은 바울 서신(p)을 담고 있다. 독자들은 알파벳 대문자가 하나의 사본 이상을 가리키는지 아닌지를 알아내기 위해 부록을 참고할 것을 기대 받는다.

c. 그 정보는 [[NA 28판의]] 802쪽에서 제공된다: *T 036 / X / Oxford, Bodl. Libr., Auct. T. inf. 2.2; St. Petersburg, Ross. Nac. Bibl., Gr. 33 / e (vac. Mt. 5,31-6,16; 6,30-7,26; 8,27-9,6; 21,19-22,25; Mc 3,34-6,21).

NA 28판에서 입수한 정보를 단지 사용한 가능한 해답은 다음과 같이 읽을 수 있다: 대문자 사본 Γ 036은 사 복음서들의 복사본이다. 다음의 단락들은 소실되었다: 마 5:31-6:16; 6:30-7:26; 8:27-9:6; 21:19-22:25; 막 3:34-6:21. 사본의 일부는 현재 옥스퍼드Oxford(Bodl. Libr., Auc. T. inf. 2.2)에 있고, 다른 부분은 상트페테르부르크St. Petersburg(Ross. Nac. Bibl., Gr. 33)에 있다. NA 28판은 그 사본을 주후 10세기 것으로 연대를 매긴다.

1.6. 결론적 질문들(59쪽)

a. (1) 헬라어 사본들(파피루스, 메궈스쿨["대문자 사본"], 미뉘스쿨["소문자 사본"], 성구집), (2) 초기 역본들, (3) 인용들.

b. 부록 IV는 포괄적인 목록을 제공한다. 그러나 충분한 설명은 판본의 서문에서 제공된다.

c. NA 28판의 뒤쪽에(부록 I).

d. (1) 시나이티쿠스 코덱스(א 01, 시내산 사본), 주후 4세기, 런던 소재 대영 도서관. (2) 알렉산드리누스 코덱스(A 02, 알렉산드리아 사본), 주후 5세기, 런던 소재 대영 도서관. (3) 바티카누스 코덱스(B 03, 바티칸 사본), 주후 4세기, 로마 소재 바

티칸 도서관. (4) 에프라이미 레스크립투스 코덱스(C 04, 에프라임 [재생]사본), 주후 5세기, 파리 소재 프랑스 국립 도서관.

2.1. NA 28판 서문에 대한 질문들

머리말(64-65쪽)

a. 공동 서신의 비평본은 새로운 편집적 개념new editiorial concept을 반영한다.

b. 바깥 난외주의 병행구들에 대한 언급들은 비평본 전체에서 개정되었다.

판본의 역사에 대해: 28판(65-66쪽)

a. 두 가지 임무가 성취되어야 했다: (1) 비평 장치가 그것에 명료함을 더 주고 그것을 보다 쉽게 사용하도록 개정되었다. (2) '에디티오 크리티카 마이오르'("대비평본")의 작업으로부터 기인한 통찰력들과 결과물들이 통합되어야 했다.

b. '에디티오 크리티카 마이오르'("대비평본")에 대한 작업이

네스틀레-알란트 27판본과 비교하여 여러 개의 상이한 본문 결과들에 도달했고 또한 편집자들이 이 변경들을 NA 28판에 반영하길 원했기 때문에.

c. 그 도표(50*-51*; 『한국어 서문판』, 8*)는 본문이 변경된 33곳을 열거한다.[4]

d. 마름모꼴(◆)은 편집자들이 어떤 이문들이 "처음 본문"을 표현해 주는지를 결정하는 것을 아직 열어 두었던 구절들을 표시한다.

e. 그것은 Byz이다.

판본의 본문(66쪽)

a. 절충 본문은 외적 기준들과 내적 기준들의 도움을 받아 현존하는 이문들을 평가한다.

b. 내적 기준들은 "본문, 본문의 문법적 구조와 문체적, 언어적 및 신학적 특징들의 고유한 일관성"으로 정의된다(54*. 『한국어 서문판』, 11*). 외적 기준들이란 "본문의 역사적 장소

4. [원문 각주 3] 1쇄(2012년)에서는 34개의 본문 변경이 열거되었다. 그러나 이 변경들 중 하나(벧전 2:25의 ἀλλά를 대신한 ἀλλ')은 단지 철자법에 속한 orthographical 문제였고, 네스틀레-알란트에서 철자를 표준화하려는 시도를 반영한 것이었다.

및 단독 증거와 증거 그룹들의 베껴 옮겨 적은 것의 성격에서 유래"된다(54*. 『한국어 서문판』, 11*).

c. 일관성에 근거한 계보적 방법론(CBGM)(52*; 『한국어 서문판』, 9*-10*).

d. 꺽쇠 괄호는 편집자들이 해당 이문이 "처음 본문"의 일부인지 아닌지를 미해결 상태로 두었다는 것이다. 공동 서신에서, 그러한 구절들은 마름모꼴(◆)로 표시되었다.

e. 이중-꺽쇠 괄호 [[...]]는 편집자들의 의견 중에 "처음 본문"의 일부를 이루지 않았다는 본문 구절들을 표시한다.

f. 구약 성경으로부터의 인용구들은 이탤릭채로 인쇄된다.

비평 장치(67-69쪽)

a. 적극적 비평 장치는 다른 읽기들을 가지고 있는 증거들뿐만 아니라, 본문란text line의 이문들에 대한 증거들을 목록화한다. 소극적인 비평 장치는 본문란과 다른 이문들에 대한 증거들을 목록화한다.

b. 구두점 이문들.

c. ⸉...⸊ 사이의 본문은 일부 증거들에서 다른 순서로 제시되어있는 것이다. 이 비평 부호는 한 본문이 다른 위로 이동

되었음을 가리킨다.

d. 굵은 숫자 앞의 •는 다음 절의 시작을 표시한다.

e. 부록 II에서.

f. 구두점 이문들.

g. 첫 번째 역본들은 라틴어, 시리아어, 콥트어의 순서로 나열된다.

h. NA 28판의 58*과 59*(『한국어 서문판』, 18*-22*) 보라.

i. 𝔐은 공동 서신 밖에서만 적용된다. 그리고 그것은 대다수 사본들에 보존되어 있는 이문을 가리킨다. 만약 경쟁적 이문들을 중요하게 다룰 때 대다수의 사본들이 대략 동일한 크기의 둘 혹은 세 그룹들로 쪼개진다면, 약어 pm(*permulti*="매우 많은")이 𝔐대신 적용된다. 공동 서신에서 Byz가 약어 𝔐를 대체하며, Byz는 비잔틴계 판본들과 연합된 사본을 보다 정확하게 가리킨다. 만약 비잔틴계 전통이 단일형uniform이 아니라면 Byz^{pt}가 사용된다.

j. "p)" 표시는 편집자들이 다른 정경 복음서에서의 병행구에 돌리는 이문들을 특징짓는다. 이 이문들은 "처음 본문"의 일부로 간주되지 않는다.

k. 세 가지 그룹들은 늘 언급되는 사본들, 종종 언급되는 사본들 및 간혹 언급되는 사본들이다.

l. 그 약어들은 f^1과 f^{13}이다.

m. 𝔐[A]는 가이사랴의 안드레아스Andreas of Caesarea(주후 5/6세기)의 『주석』의 부분에 속한 『요한 계시록』의 본문을 제시하는 사본들에 대해 사용된다. 𝔐[K]는 순수하게 본문만 담고 있는 사본들을 가리킨다. 어깨 표기 K는 이전의 네스틀레 비평본들의 용어상의 잔재이다. 이 비평본들에 속한 후대에 대수 본문 𝔐와 연관된 사본들이 코이네 사본들로 용어화 되었고, 약어 𝔎(63쪽 아래 2번째 줄 표시 참조)로 표시되었다.

n. 라틴어, 시리아어, 콥트어 역본들이 강조되었다.

o. 사본들은 주후 2세기 이후에 출연한 『구-라틴어』 번역본들과 중세 전통을 지배하고 히에로니무스Jerome(주후 4-5세기)의 번역물과 일반적으로 연결되는 『불가타』*Vulgata*/Vulgate를 포함한 사본들 간에 구별이 있다.

p. 부록 I, B 단락: 라틴어 코덱스들(815-20)에서, *ms. nr.* 하에 있는 첫 번째 세로 단은 해당 사본에 돌려진 소문자 알파벳들(예외: t) 옆에 표준화 된 숫자들을 가리킨다.

q. 인용구들은 편집자들이 언급된 문장들이이 그 시대의 헬라어 신약 성경에서 발견되는 읽기들을 언급한다고 확신될 때만 기술된다.

바깥 난외주 및 안쪽 난외주의 기호들(69-70쪽)

a. (1) 다른 신약 문헌들 내의 병행들구과 쌍이 되는 것들. (2) 구약 성경 본문들로부터의 인용구들과 암시들. (3) 병행구들. 그러나 필연적으로 성경적 작품 혹은 유대 문학의 인용들은 아님.

b. 사선(/)는 병행구들을 하위 그룹들로 정리한다.

c. 『마태복음』: Mt; 『로마서』: R; 『고린도전서』: 1K; 『히브리서』: H; 『사도행전』: Act; 『요한 계시록』: Ap.

d. 『마태복음』: Mt; 『로마서』: R; 『고린도전서』: 1K; 『히브리서』: H; 『사도행전』: Act; 『요한 계시록』: Ap.

e. 흘림채의 숫자들cursive numbers은 소위 '케팔라이아'*kephalaia*라고 불리는 본문을 구성하는 체계'를 언급한다. 이것들은 특정한 본문들을 빠르게 확인하기 위해 고안되었다.

f. 사 복음서들.

g. 그 표시들은 아래쪽에 로마 숫자를 가진 아라비아 숫자로 구성된다. 아라비아 숫자는 한 복음서의 단락들을 표기한다; 로마 숫자는 주후 4세기에 가이사랴의 에우세비오스에 의해 처음으로 형성된 다른 복음서들 내의 병행 단락들을 가리키는 도표들을 지시한다.

h. 작은 별은 '케팔라이아'*kephalaia*의 새로운 장chapter의 시작이 한 구절의 시작 장소와 일치하지 않을 때 사용된다.

부록들(70-71쪽)

a. 그 명칭은 해당 사본이 늘 언급되는 증거라는 것을 의미한다.

b. 소문자는 사본 전통에 반영되어 있는 신약 성경의 네 부분들을 언급한다: e=복음서들, a='프락사포스톨로스'Praxapostolos(『사도행전』과 공동서신), p=바울서신(『히브리서』를 포함함), r=『요한 계시록』.

c. '프락사포스톨로스'Praxapostolos(a)가 예를 들어 파편적인 사본에 속에 전체가 다 포함되어 있지 않을 때, 『사도행전』은 "act"로, 공동 서신은 "cath"로 표기된다.

d. 비평 장치가 괄호 안에 증거를 표기할 때, 그 정확한 표현은 부록 II에서 제공된다.

e. 인용구들은 이탤릭체로 놓인다. 암시들은 정자체regular type로 인쇄된다.

f. 부록 IV에.

2.3. 공동 서신의 본문(77쪽)

a. '호띠'(οτι)가 파피루스 72에 추가된다; 대문자 사본 A, C, P; 소문자 사본 5, 33, 81, 88, 107, 436, 442, 642, 1175, 1243, 1448, 1611, 1735, 1739, 1852, 2492; 그리고 비잔틴계 헬라어 사본들, 『불가타』 사본들, 그리고 시리아어 사본들. '호띠'(οτι) 없는 본문은 대문자 사본 ℵ, B, Ψ, 소문자 사본 2344 그리고 루키페르Lucifer(주후 375년 사망)에 의해 제공된다. 편집자들은 '호띠'(οτι)가 "처음 본문"의 일부인지 아니면 그것이 본문의 전승 중에 생겨났는지 그 결정을 미해결 상태로 남겨둔다.

b. 마름모꼴(◆)이 소개되기 전에, 27판본은 이 이문을 ○ [ὅτι]로 표기한다.

2.4. 적극적 비평 장치와 소극적 비평 장치(79-80쪽)

a. 유다서 17의 이문 '레마똔 똔 쁘로에이레메논'(ῥημάτων τῶν προειρημένων)은 다음의 헬라어 사본들에 의해 증거된다: 𝔓72; ℵ (01), B (03), C (04), P (025), Ψ (044); 5, 33, 81, 88,

307, 436, 442, 642. 1175, 1243, 1735, 1852, 2344, 2492.
과정: (1) 첫 번째 절차는 그 구절을 담고 있는 않은 『유다서』에 대한 늘 언급되는 증거들을 제거하는 것이다. (2) 비평 장치에서 그 이문을 입증하는 증거들은 제거된다. 『유다서』을 위해 늘 언급되는 증거들은 다음과 같다(23*): 𝔓[72], 𝔓[74], 𝔓[78]; ℵ (01), A (02), B (03), C (04), P (025), Ψ (044); 5, 33, 81, 88, 307, 436, 442, 642. 1175, 1243, 1448, 1611, 1735, 1739, 1852, 2344, 2492. 이들 중 다음의 것들은 유다서 17에 대한 본문을 가지고 있지 않는다(부록 I): 𝔓[74], 𝔓[78]. 비평 장치는 본문란의 이문에 대한 증거들로서 A 1448. 1611, 1739를 나열한다.

b. 그 이문은 대문자 사본 K, L, W, Δ; 사본 가족manuscript family f^1의 소문자 사본들; 소문자 사본 288의 수정; 소문자 사본 33, 565, 579, 700, 892, 1241, 1424; 성구집 844; 그리고 "다수 본문"(𝔐)에 기록되어 있다.

c. 송영doxology이 주기도문을 위한 더 나은 종결을 제공할 것이라는 점을 가정하면, '렉티오 디피킬리오르 포티오르'*lectio difficilior potior*가 적용될 것이다.

'렉티오 브레비오르 포티오르'*lectio brevior potior*는 "다수 본문"의 판을 짧은 이문(ℵ, B, D)과 송영을 포함한 한 전통과의 융합으로 설명할 수 있다.

편집자들 역시 그 송영이 역대상 29:11-13을 암시하는 것 같다고 기록해 놓는다. 그 구절의 헬라어 본문은 ('바실레이아'[βασιλεια]가 아니라) '바실류스'(βασιλευς), '뒤나미스'(δυναμις), '독사'(δοξα) 및 '아이온'(αιων)이라는 용어들을 사용한다.

d. NA 28판으로부터의 정보에 의해 지적되듯이, D의 본문은 다음과 같다: '호 데 에이뻰 쁘로스 아우뚜스 호띠 데이 메 까이 따이스 헤떼라이스 뽈레신 유앙겔리사스타이 뗀 바실레이안 뚜 테우 호띠…'(ο δε ειπεν προς αυτους οτι δει με και ταις ετεραις πολεσιν ευαγγελισασθαι την βασιλειαν του θεου οτι...).

과정: 비평 장치의 괄호 안에 기록된 증거들은 그것들이 열거된 곳의 해당 이문과 관련되어 있는 한 이문을 제공한다(58*; 『한국어 서문판』, 18*). 그 이문의 표현은 부록 II: 다양한 사소한 읽기들에서 나열된다. 누가복음 4:43에 상응하는 표제항은 다음과 같이 읽는다: • 43 ⸉ *pon*. δει με *p*. προς αυτους οτι D (824); 즉, 사본 D는 δει με를 προς αυτους οτι라는 표현 뒤(p.=*post*["뒤에"])에 놓는다 (pon.=*ponit*["놓다"]).

e. 해답: $\mathfrak{P}^{66}$, $\mathfrak{P}^{75}$ (A) C D K L W^{S} Δ Θ Ψ f^{1} 33 565 700 892 1241 1424 𝔐 vg^{ww}.

2.7. 에우세비오스의 복음서 대조표들(87–88쪽)

a. 마태복음 24:1–2.

과정: (1) 『마가복음』의 번호 137은 복음서 대조표 II의 세 번째 세로 단의 중앙 열에 등장한다(91*; 『한국어 서문판』, 66*: 네 번째 세로 단의 중앙 열). 왼쪽 편의 242는 『마태복음』의 각 단락을 가리킨다. (2) 『마태복음』을 전체적으로 훑어볼 때, 242은 마태복음 24:1에서 발견된다. 다음 단락 243이 마태복음 24:3에서 시작되기 때문에, 마가복음 13:1–2에서 언급된 『마태복음』의 평행구는 마태복음 24:1–2이 된다.

b. 누가복음 19:44과 21:5–6.

과정: 『마가복음』의 번호 137은 복음서 대조표 II의 세 번째 세로 단의 중앙 열에 하나가 다른 하나의 아래로 하여 두 번 등장한다(『한국어 서문판』, 66*: 네 번째 세로 단의 중앙 열). 오른쪽 편에 두 개의 단락들이 『누가복음』과 관련하

여 지시 된다: 237과 248. 이 번호들은 NA 28판에서 누가복음 19:44 및 21:5-6의 안쪽 난외주에서 나타난다.

c. Q로부터 기원한 것은 가버나움에서 백부장의 종이 고침받은 것(마 8:5-13)과 예수의 추종자들을 위한 말씀들(마 8:18-22)이다. 본문의 다른 모든 구절들은 『마가복음』에서 왔다.

과정: 복음서 대조표는 마태복음 8장을 일곱 단락으로 세분화한다(63-69). 그들 중 세 개는 공관복음 모두에 보존되어 있다(복음서 대조표 II). 그러므로 그것들은 『마가복음』에서 기원했다(63, 67, 69). 네 개의 단락은 『마가복음』에서 소실되었으며, 『마태복음』과 『누가복음』의 일부이고, 또한 두 자료 가설에 따르면 그것들은 아마도 Q에서 기인했다(복음서 대조표 III: 64 및 V: 65, 66, 68).

2.8. 부록 I B: 라틴어 코덱스들(90쪽)

a. 복음서, 『사도행전』 및 공동 서신에서 사본 d는 주후 5세기의 사본 5에게 돌려진다. 그러나 바울 서신에서 사본 d는 주후 5-6세기의 사본 75를 말한다.

2.9. 부록 II: 다양한 사소한 읽기들(91쪽)

a. F에서 로마서 15:22-23의 재구성은 다음과 같다: διο και ενεκοπτομην πολλακις του ελθειν προς υμας απο πολλων ετων ως αν ουν νυνι δε μηκετι τοπον εχω εν τοις κλιμασιν τουτοις επιποθιαν δε εχων του ελθειν προς υμας

과정: 부록 II는 이 구절과 관련하여 απο πολλων ετων ως αν ουν라는 표현이 로마서 15:23-24에서 15:22의 προς υμας라는 표현 뒤로 이동되었다는 것을 지적한다. 게다가 비평 장치는 22절에서 τα πολλα가 πολλακις로 대체되었고, 23절에서는 εχω가 εχων를 대신한다고 지적한다.

참고문헌

Aland, Barbara, Kurt Aland, Gerd Mink, Holger Strutwolf, and Klaus Wachtel, eds. *Novum Testamentum Graecum: Editio Critica Maior 4, Die Katholischen Briefe*. 2nd ed. Stuttgart: Deutsche Bibelgesellschaft, 2013.

Aland, Kurt, and Barbara Aland. *The Text of the New Testament: An Introduction to the Critical Editions and to the Theory and Practice of Modern Textual Criticism*. 2nd ed. Translated by Erroll F. Rhodes. Grand Rapids: Eerdmans, 1995.

Kenyon, Frederic G. *The Chester Beatty Biblical Papyri. Vol. 3: Pauline Epistles: Text*. London: Emery Walker, 1936.

Metzger, Bruce. *A Textual Commentary on the Greek New Testament*. 2nd ed. Stuttgart: Deutsche Bibelgesellschaft, 1994.

Mink, Gerd, "Contamination, Coherence, and Coincidence in Textual Transmission: The Coherence-Based Genealogical Method (CBGM) as a Complement and Corrective to Existing Approaches." Pages 141-216 in *The Textual History of the Greek New Testament*. Edited by Klaus Wachtel and Michael W. Holmes. SBLTCS 8. Atlanta: Society of Biblical Literature, 2011.

옮긴이의 글

책을 번역 할 때 옮긴이는 스스로에게 항상 두 가지 사항을 질문한다: 저자의 의도를 바로 전달하고 있는가 그리고 현재 번역하는 책의 내용을 다 수용하고 있는가. 첫 번째 질문은 원본과 번역어의 차이와 더불어 옮긴이의 전문 지식에 의존하는데, 옮긴이는 본서를 번역하면서 이 문제를 풀어내기 위해 최선의 노력을 다했다고 독자들에게 말할 수 있다. 두 번째 질문에 대해서는, 비록 옮긴이가 좋아하고 존경하는 저자를 소개하기 위해 그/그녀의 작품(들)을 번역한다하더라도, 옮긴이가 해당 저자의 모든 견해와 사상에 완전히 동의하지 않을 수 있다고 답변할 수 있다. 다만, 옮긴이 역시 학문을 정진하는 사람으로 다양한 견해를 배우고 또한 비판함과 동시에, 그러한 사항들을 독자들 역시 경험할 수 있도록

소개하는 것이다.

이 책을 출판하는 모든 과정에 깊은 관심과 수고를 아끼지 않은 솔로몬 출판사 박영호 사장님 이하 모든 직원들께 감사드린다. 독자들이 책을 읽다가 발견되는 번역상의 아쉬운 점들이나 실수들은 옮긴이의 부주의함 때문임을 미리 밝힌다.

저자 데이빗 트로비쉬가 『네스틀레-알란트 28판 헬라어 신약 성경 사용자 가이드』를 저술하면서 언급한 바, 이 책을 접하는 독자들이 본서를 통해 유익을 얻기 바라며, 무엇보다 교회와 성도들을 위해 헬라어 신약 성경 비평본을 내놓기 위해 수고한 동료 기독교인 학자들의 노고에 감사하는 마음을 가져볼 수 있기를 바란다. 마지막으로 옮긴이는 본서를 통해 한국 교회에도 신약 성경 원문에 대한 더욱 큰 관심이 일어나기를 바란다.

지은이 **데이빗 트로비쉬** David Trobisch

데이빗 트로비쉬는 신약 성경의 수집(특별히, 바울 서신)과 형성 및 성경 사본에 대한 권위자이다. 그는 the University of Heidelberg, Yale Divinity School 및 Bangor Theological Seminary 신약과 헬라어를, 2014년 이후로 미국 Washington, DC에 위치한 the Museum of the Bible의 the Green Collection의 책임자로 있다.
대표 저작으로는 *Paul's Letter Collection: Tracing the Origins* (Quiet Waters Publications, 2001), *Die Paulusbriefe und die Anfänge der christlichen Publizistik* (Quiet Waters Publications, 2010) 및 *The First Edition of the New Testament: Reprint Edition* (Oxford University Press, 2011)가 있다.

옮긴이 **김주한**

총신대학교 신학과(B.A.)와 신학대학원(M.Div.) 및 동 대학원(Th.M., Ph.D.cand.[신약학/바울서신])에서 공부했다. 이후 스텔렌보쉬 대학교에서 신약서신 및 성경언어 연구로 박사학위(Ph.D.)를 받았다.
현재는 안양 석수 교회 협동목사(김찬곤 목사)와 아동복지시설 좋은집 내의 숲속의 아름다운 교회 설교목사(오경인 원장)로 섬기고 있으며, 총신대 신학대학원/총회신학원 및 평생 교육원과 한국 성서대 신학대학원에 출강하고 있다.

박사 논문
"The Pastoral Letter in the Early Christianity up to the Fifth Century C.E." The University of Stellenbosch (2012)

역서
리 마틴 맥도날드, 『성경의 형성: 교회의 정경 이야기』 (서울: 솔로몬, 2015)